日本弁護士連合会刑事調査室=編著

Criminal Defense Practice
**Pre-indictment/
Pre-trial/
Lay judge trial**

起訴前・
公判前整理・
裁判員裁判
の弁護実務

日本評論社

序文

　平成の時代は、刑事司法の大改革期であった。平野龍一博士が「絶望的」であると診断した刑事司法制度を改革するため、当連合会は、1990（平成2）年に日弁連刑事弁護センターを設置し、同年に弁護士会から自発的に始まった国費・公費による援助を受けずに被疑者の弁護を行う当番弁護士制度の全国実施を推進し、同制度の拡充に取り組んだ。その運動の成果を踏まえ、2001（平成13）年に司法制度改革審議会意見書は、裁判員制度及び公判前整理手続の導入、被疑者国選弁護制度の整備などを提言するに至った。2006（平成18）年に日本司法支援センター（法テラス）が設立されるとともに、被疑者国選制度が導入され、2009（平成21）年には対象事件がいわゆる必要的弁護事件に拡大され、2018（平成30）年には対象事件が勾留全事件に拡大された。また、2006（平成18）年に公判前整理手続、2009（平成21）年には裁判員制度が導入され、国民の司法参加という民主的基盤が与えられるとともに、公判中心主義、直接主義及び口頭主義に基づく集中審理が実現した。2016（平成28）年には刑事訴訟法の一部を改正する法律が成立し、証拠一覧表交付制度、協議・合意制度などが導入され、限定的ながら取調べの録音・録画（いわゆる可視化）制度が法制化された。併行して当連合会は、公判前整理手続や法廷弁護技術の研修を開催するなど、弁護技術の向上のための研修に取り組んできた。そして、2018（平成30）年に刑事調査室を設置し、刑事司法制度及び刑事司法に係る立法課題に関する調査、研究、各種情報の集約等を行うこととした。

　本書は、刑事調査室に所属する嘱託弁護士が、当連合会に集約された各地の弁護士会の情報を踏まえ、議論した結果をまとめたものである。もとより、各論考に示された意見は、いずれも執筆者個人の見解であり、当連

合会としての公式見解を示すものではないが、いずれの論考も、今日までの議論の到達点を明らかにしており、捜査段階、公判前の準備、公判前整理手続及び公判を通じた弁護活動の在り方を検討するに当たり、有益な情報と理論を提供するものであると確信している。

　本書が、実務家そして新時代における刑事司法の担い手となる司法修習生・法科大学院生の研鑽の一助となることを期待する。

　　2019 年 3 月

日本弁護士連合会
会長　菊地裕太郎

はしがき

　1949年に現行刑事訴訟法が施行され、70年が経過した。現行刑事訴訟法は、適正手続、公平な裁判を受ける権利、弁護人依頼権や黙秘権を保障した憲法の精神を踏まえ、無罪推定、当事者主義、公判中心主義、直接主義・口頭主義等の原則に従って運用されることが期待されていたはずである。しかし、この70年間の刑事司法の運用がそうした期待に応えるものであったと評価することは困難である。犯罪の嫌疑を否認する被疑者・被告人を殊更に長期間拘束する勾留・保釈の運用、弁護人の立会いを排除した多数回・長時間にわたる糾問的な取調べ、取調べによって得られた供述を重視した有罪認定、それらを前提とした極端な有罪率等は、決して期待されなかった運用の結果である。

　日本弁護士連合会は、長年にわたり、刑事司法の運用改善と制度改革に取り組んできた。2004年に成立した裁判員制度及び公判前整理手続の導入、被疑者国選弁護制度の整備や、2016年に成立した取調べの録音・録画制度の創設等は、その取組みの成果であると位置づけることができる。こうした運用改善と制度改革は、将来にわたり継続的に取り組む必要のある課題である。

　そして、もう1つの重要な課題が、弁護の質の向上である。憲法37条3項は「資格を有する弁護人を依頼する」権利を保障している。弁護人が高い技能を有する者でなければ、そのような権利を保障した意味は失われることになる。弁護人が被疑者・被告人の権利及び利益を擁護する役割を

果たすためには、一定の技能が必要である。弁護人は、刑事司法の現場において、本来期待されている運用を実現し、確保する役割と責任を負っているのであり、その役割と責任を果たすためにも、高い技能を有することが求められる。

　近年の裁判員制度及び公判前整理手続の導入、被疑者国選弁護制度の整備や、取調べの録音・録画制度の創設は、弁護のあり方にも、大きな変化をもたらした。
　裁判員制度の導入により、弁護人は、裁判官だけではなく、裁判員が理解し、納得することのできるような主張・立証をする技能が求められることになった。従来、立証は捜査資料をはじめとする証拠書類が中心であり、公判廷における弁論も書面が形式的に朗読され、裁判官は公判廷の外で書面を読んで心証を形成していた。しかし、裁判員制度の導入に伴い「直接主義・口頭主義の実質化」が要請された結果、立証は証人尋問が中心となり、弁論も文字どおり口頭で行われるものとなった。その結果、弁護人にとって、尋問技術の重要性は増し、新しい口頭弁論の技術も要求されることになった。こうした変化は裁判員の「分かりやすさ」のために必要であると強調されてきたが、本来、直接主義・口頭主義は現行刑事訴訟法上の原則であり、公平な裁判を受ける権利の観点から徹底されるべきことが、より強く意識されるべきであろう。
　公判前整理手続の導入により、証拠開示制度が創設され、同制度は2016年の改正でも拡充された。証拠開示は被告人の防御上きわめて重要であり、的確に証拠開示請求をする技能が弁護人に必須のものとなった。公判前整理手続については、手続の肥大化とそれに伴う公判の形骸化が懸念されており、今後、予断排除原則や公判中心主義の観点から、適切な運用を確保する必要に迫られている。
　被疑者国選弁護制度の整備により、弁護人は起訴前段階で選任されることが格段に増加した。起訴前弁護においては、的確な目標を設定し、それ

に向けて迅速に活動することが求められる。

　取調べの録音・録画の実施により、取調べにおける暴行や脅迫は大幅に減少したと考えられる。しかし、動揺した被疑者が不正確な供述をさせられたり、録音・録画された取調べの外で供述を強要されたりする危険は依然として残されている。その場合、録音・録画の記録媒体が被告人に不利益に用いられる可能性もあり、それに対応した弁護が必要とされている。

　近年、起訴前弁護において重要性を増しているのが、黙秘権の行使についての的確な助言である。かつて、黙秘権を行使するのは一部の特殊な被疑者であると捉えられ、取調官の脅迫等により権利行使を断念させられることも少なくなかった。現在でも、黙秘権の行使に否定的な反応を示す捜査官もおり、消極的な考え方をする弁護士も少なくないかもしれない。しかし、実務の現場において、黙秘権を行使する事例は、確実に増加している。その背景としては、取調べの録音・録画の実施により、黙秘権を行使する被疑者への脅迫的な言動が抑制されていることが大きいと考えられる。弁護人は、被疑者の権利及び利益を擁護することを任務とするのであるから、黙秘権を形式的に告知するだけではなく、具体的な事案の下で、黙秘権の行使と供述のいずれがその利益に適うのかを判断し、適切に助言することが求められる。

　本書は、近年導入された制度の施行状況やそれに関する実務家及び研究者の議論状況を踏まえ、起訴前、公判前整理手続を含む起訴後の公判準備、裁判員裁判を中心とする公判における弁護実務についての議論を取りまとめたものである。本書の執筆者らは、いずれも日本弁護士連合会刑事調査室の嘱託又は幹事である。本書に表明された意見は、執筆者らの個人の意見であり、日本弁護士連合会又は同刑事調査室の公式見解を示すものではない。執筆者らの間では、意見が一致するまで議論が尽くされており、本書は今日の到達点を示すものであると考えている。本書が弁護の質の向上にわずかでも貢献すれば幸いである。

本書の成立については多くの方に協力いただいた。とりわけ日本弁護士連合会法制部法制第二課の相澤陽子さんと日本評論社の武田彩さんには、タイトなスケジュールの中で細かな修正・編集作業をしていただき、心より感謝申し上げたい。

2019年3月

執筆者代表
日本弁護士連合会刑事調査室室長
河津博史

目次

序文　日本弁護士連合会会長　菊地裕太郎　i
はしがき　日本弁護士連合会刑事調査室室長　河津博史　iii

第1章　起訴前　1

I　概説　1
II　受任等　2
III　接見及び取調べへの対応方針の決定　4
　1　早期に接見を実施する必要性／2　接見における事情聴取／3　取調べへの対応方針の決定／4　取調べの録音・録画／5　違法・不当な取調べへの対応／6　接見内容の記録・保全
IV　身体拘束からの解放等を目指す弁護活動　12
　1　はじめに／2　勾留の要件／3　勾留を回避するための弁護活動／4　勾留延長に関する弁護活動／5　接見等禁止に対する弁護活動／6　勾留に関するその他の弁護活動
V　有利な終局処分の実現に向けた弁護活動　23
VI　公判準備　24
　◆Column　黙秘権　26

第2章　起訴後の公判準備　32

I　ケース・セオリーの構築　32
II　公判前整理手続に付する請求　35
　1　はじめに／2　公判前整理手続に付する請求をするか否かの検討／3　公判前整理手続に付する請求の理由／4　公判前整理手続に付する請求についての意見／5　不服申立て

vii

III 保釈・勾留取消等　37
1　はじめに／2　保釈判断における考慮事情／3　保釈の手続／4　勾留取消しに関する弁護活動／5　接見等禁止に対する弁護活動

IV 弁護人の調査活動　48
1　はじめに／2　共犯者との接触／3　被害者との接触／4　専門家に対する証人尋問の準備／5　現場調査／6　インターネットの情報収集／7　弁護士法23条照会／8　証拠保全請求

V その他の公判準備　53
1　起訴状の確認／2　追起訴・再逮捕の確認及び起訴後の取調べへの対応／3　主任弁護人の指定／4　検察官請求証拠の閲覧・謄写及び任意証拠開示の申入れ／5　進行に関する問合せ及び打合せ期日／6　弁論の分離・併合／7　公判期日の進行に関する確認

◆ Column　量刑事件　61

第3章　公判前整理手続　67

I 概説　67
1　制度／2　原則／3　運用の実際

II 検察官の証明予定事実記載書面の提出及び証拠の取調べ請求　73
1　証明予定事実記載書面の提出時期／2　証明予定事実記載書面の記載内容／3　証明予定事実記載書面が提出された後の弁護人の対応

III 証拠一覧表の交付請求及び類型証拠開示請求　76
1　証拠一覧表交付制度の概要／2　証拠一覧表の交付を請求する方法／3　証拠一覧表に記載される証拠と証拠開示請求の対象となる証拠の関係／4　類型証拠開示制度の概要と開示要件／5　類型証拠開示請求権の行使の必要性／6　証拠開示請求に対する検察官による回答の確認／7　証拠開示命令の請求／8　類型証拠開示完了前の証拠意見表明及び予定主張明示の要否

IV 証拠意見　84
1　はじめに／2　証拠意見を述べる時期／3　証拠意見の内容／4　特に裁判員裁判において問題となる類型の証拠

V 予定主張の明示及び証拠の取調べ請求　97

| 1　はじめに／2　予定主張を明示すべき主体／3　予定主張を明示すべき時期／4　公判期日においてすることを予定している主張の検討／5　争点及び証拠の整理に必要な事項の明示／6　予定主張についての求釈明への対応／7　証拠の取調べ請求

　◆Column　50条鑑定　109

Ⅵ　主張関連証拠開示請求　111

| 1　主張関連証拠開示制度の概要／2　主張関連証拠開示請求権の活用

　◆Column　難解な法律概念　113

Ⅶ　区分審理決定　115

Ⅷ　審理予定の策定並びに争点及び証拠の整理の結果確認　116

| 1　はじめに／2　公判の審理予定の策定／3　争点及び証拠の整理の結果確認

第4章　公判　120

Ⅰ　概説　120

Ⅱ　裁判員等選任手続　121

| 1　はじめに／2　裁判員候補者の選定／3　選任手続期日／4　事前質問票と当日質問票／5　裁判員候補者に対する質問／6　不公平な裁判をするおそれを理由とする不選任請求／7　理由を示さない不選任請求／8　39条説明

Ⅲ　冒頭手続　125

| 1　人定質問／2　被告事件についての陳述

Ⅳ　冒頭陳述　127

| 1　検察官の冒頭陳述／2　弁護人の冒頭陳述

Ⅴ　証拠書類や証拠物の取調べ　133

| 1　証拠書類の取調べ／2　証拠物の取調べ

Ⅵ　証人尋問　135

| 1　検察官請求証人に対する尋問／2　弁護人請求証人に対する尋問／3　書面や物の提示・利用

　◆Column　証人保護に関する制度への対応　147

Ⅶ 被告人質問 153

1 はじめに／2 被告人質問を行うか否かの判断／3 黙秘権行使の方法／4 被告人質問先行型の運用

Ⅷ 公判における証拠の採否 156

1 公判において証拠の採否が決定される場合／2 証拠弁論／3 刑訴法321条1項2号書面

Ⅸ 論告・弁論 159

1 検察官の論告／2 弁護人の弁論

◆Column 裁判員裁判における書面の配布 163

◆Column 裁判員裁判と「経験則」〜密輸事件における「経験則」問題〜 166

3 被告人の最終陳述

◆Column 被害者参加への対応 169

Ⅹ 判決 172

事項索引 173
執筆者一覧 178

略語	
刑訴法	刑事訴訟法
刑訴規	刑事訴訟規則
裁判員法	裁判員の参加する刑事裁判に関する法律
裁判員規	裁判員の参加する刑事裁判に関する規則

第1章

起訴前

I 概説

　憲法は、被疑者及び被告人の弁護人を依頼する権利を保障している（憲法34条、37条3項）。そして、日本弁護士連合会の会規である弁護士職務基本規程は、弁護人は、被疑者及び被告人の防御権が保障されていることに鑑み、その権利及び利益を擁護するため、最善の弁護活動に努めるものと定めている（弁護士職務基本規程46条）。同規程は、さらに、身体の拘束を受けている被疑者及び被告人については、必要な接見の機会の確保及び身体拘束からの解放に努めるものとし（弁護士職務基本規程47条）、被疑者及び被告人に対し、黙秘権その他の防御権について適切な説明及び助言を行い、防御権及び弁護権に対する違法又は不当な制限に対し、必要な対抗措置を採るように努めるものとしている（同規程48条）。

　起訴前の被疑者にとって、不起訴処分や身体拘束からの早期解放は、その切実な利益に適うものである。公判請求が想定される事件で、その権利及び利益を擁護するためには、起訴前から公判準備を進めることが必要である。したがって、起訴前の被疑者弁護活動の主な目的は、①不起訴処分その他の有利な終局処分の実現、②身体拘束からの早期解放、及び③公判準備であると整理することができる。

　裁判員裁判対象事件の起訴前弁護の目的も、上記と異なるものではない。

ただし、裁判員裁判対象事件は、重大な犯罪類型に限定されているため（裁判員法2条1項）、被疑者が勾留されたまま公判請求に至る可能性が高いことから、③公判準備の比重が大きくなる傾向がある。もっとも、裁判員裁判対象事件にあたる被疑事実で逮捕・勾留された被疑者が、裁判員裁判の対象とならない法定刑のより軽い罪で起訴されることも少なくない。そのため、①有利な終局処分の実現として、法定刑の軽い罪での起訴が、現実的な目標となることもある。

II 受任等

被疑者弁護受任の契機としては、私選弁護人として選任される場合（刑訴法30条）と、国選弁護人として選任される場合（刑訴法37条の2等）がある。被疑者の私選弁護人の選任の方式について、刑訴法上の定めはないが、刑訴規17条は「公訴の提起前にした弁護人の選任は、弁護人と連署した書面を当該被疑事件を取り扱う検察官又は司法警察員に差し出した場合に限り、第一審においてもその効力を有する。」と定めており、実務上は、連署した弁護人選任届を検察庁に提出することが多い。司法警察員から検察官への送致又は送付が未了のときは、提出先は警察署になる。国選弁護人の場合は、日本司法支援センター（法テラス）の国選弁護人候補指名通知を受けた裁判官の選任命令を受けることになる。

起訴前の弁護人の人数について、刑訴規27条1項は「各被疑者について3人を超えることができない。但し、当該被疑事件を取り扱う検察官又は司法警察員の所属の官公署の所在地を管轄する地方裁判所又は簡易裁判所が特別の事情があるものと認めて許可をした場合は、この限りでない。」と定めている。同項但書にいう「特別の事情」について、最決平成24年5月10日刑集66巻7号663頁は、「事案が複雑で、頻繁な接見の必要性が認められるなど、広範な弁護活動が求められ、3人を超える数の弁護人を選任する必要があり、かつ、それに伴う支障が想定されない場合」に認

められるとの判断を示している。

　被疑者国選弁護人の選任人数に関して、刑訴法37条の5は、「死刑又は無期の懲役若しくは禁錮に当たる事件」について、「特に必要があると認めるときは、職権で更に弁護人一人を付することができる」と定めている。本条の対象事件は、特に法定刑が重く、公訴提起されれば公判前整理手続に付され、連日的あるいは集中的審理を行うことが予想されるものであり、捜査段階から特に頻繁な接見等を行い、事実関係の把握に努めるなど短期間に集中した弁護活動を行う必要があることは否定できず[1]、実務上も、複数選任が認められることが通例である[2]。このような規定が設けられている趣旨に照らすと、1人目の国選弁護人として選任された弁護士は、速やかに、刑訴法37条の5に基づく複数選任の申入れを行うべきである。また、私選弁護人として裁判員裁判対象事件を受任する場合にも、複数の弁護人による弁護活動を行うことが望ましいといえる。

　裁判員裁判対象事件のうち、傷害致死罪、危険運転致死罪、保護責任者遺棄致死罪など「死刑又は無期の懲役若しくは禁錮に当たる事件」以外の事件については、被疑者国選弁護人の複数選任が認められていない。また、起訴後と異なり、被害者多数の殺人事件等の重大事件であっても、3名以上の国選弁護人の選任は認められていない。もっとも、弁護人の選任は勾留決定毎に行われるため、先行して勾留された事件で2名の国選弁護人が選任されており、その後別事件の勾留に際して、先行事件と異なる弁護人が選任された結果、事実上、同じ被疑者につき2名を超える国選弁護人が選任された状態になることはある[3]。

　なお、裁判員裁判対象事件を国選弁護人として受任するための要件（法

---

[1] 松尾浩也監修『条解刑事訴訟法（第4版増補版）』（弘文堂、2016年）69頁。
[2] 被告人国選弁護人の選任人数に関する基準は刑訴法上特に定められていないが、裁判員裁判対象事件は、刑訴法37条の5の対象外となる事件を含めて、複数選任が認められているのが実務の運用である。

テラスからの指名を受けるための名簿に登載する要件）については、各弁護士会が定めていることが通例である。

Ⅲ 接見及び取調べへの対応方針の決定

1 早期に接見を実施する必要性

　依頼者が逮捕・勾留されている事件においては、接見を通じて、事情を聴取して事実を確認し、弁護方針を決め、依頼者に助言を行うことになる。特に重要なのは、取調べへの対応方針について、依頼者と十分に協議をして、決定することである。裁判員裁判対象事件を含む重大事件では、捜査機関が、弁護人から助言を受ける前に供述を得ようとして、逮捕直後の弁解録取で長時間にわたる取調べを実施して、詳細な供述調書を作成し、供述状況を録音・録画することが稀ではない。したがって、初回接見は極めて重要であり[4]、依頼を受けたら、できる限り早期に実施するべきである。

2 接見における事情聴取

　被疑者弁護の主な目的は、①不起訴処分その他の有利な終局処分の実現、②身体拘束からの早期解放、及び③公判準備であるが、当該事件において具体的な獲得目標を設定するためには、事実関係を把握することが必要である。捜査段階において弁護人が入手できる証拠や情報は限られており、接見における被疑者からの事情聴取こそが、事実関係を把握するための出発点となることが多い。

　事情聴取に際して、弁護人は、誘導を避け、オープンな質問方法を用いて、依頼者自身の言葉で語ってもらうよう心がけるべきである。特に、公

　3　このようなケースで各事件が起訴・併合された場合には、裁判所に対して、3名以上の弁護人が起訴後も必要である理由を説明し、2名を超える弁護人も解任しないよう申し入れることが考えられる。

訴事実の存否に直結する言動や、故意・共謀など主観面に関わる事情は、先入観を持たずに慎重に聴き取るべきである。安易に自白事件であると決めつけて方針を決定してはならない。既に取調べが行われている場合には、依頼者が取調官の誘導の影響を受けて本来の記憶と異なる説明をしたり、捜査官に聞かれた事実だけを弁護人に説明したりすることも起こり得るため、注意が必要である。

　適切な事情聴取を行った上で、必要に応じて、記憶が鮮明な段階での初期供述を、弁護人が供述録取書を作成するなどして、記録・保全することが有効な場合もある。

3　取調べへの対応方針の決定

　取調べへの対応方針のうち、最も基本的なものは、黙秘権を行使するか、それとも供述するかである。

　日本の捜査機関は、取調べにおいて、中立的に事情を聴取するのではなく、捜査機関が抱いている犯罪の嫌疑を認めさせるために被疑者を追及し

4　最判平成12年6月13日民集54巻5号1635頁は、「弁護人を選任することができる者の依頼により弁護人となろうとする者と被疑者との逮捕直後の初回の接見は、身体を拘束された被疑者にとっては、弁護人の選任を目的とし、かつ、今後捜査機関の取調べを受けるにあたっての助言を得るための最初の機会であって、直ちに弁護人に依頼する権利を与えられなければ抑留又は拘禁されないとする憲法上の保障の出発点を成すものであるから、これを速やかに行うことが被疑者の防御の準備のために特に重要である。」として、「弁護人を選任することができる者の依頼により弁護人となろうとする者から被疑者の逮捕直後に初回の接見の申出を受けた捜査機関は、即時又は近接した時点での接見を認めても接見の時間を指定すれば捜査に顕著な支障が生じるのを避けることが可能なときは、留置施設の管理運営上支障があるなど特段の事情のない限り、被疑者の引致後直ちに行うべきものとされている手続及びそれに引き続く指紋採取、写真撮影等所要の手続を終えた後、たとい比較的短時間であっても、時間を指定した上で即時又は近接した時点での接見を認める措置を採るべきである。」と判示している。

ている。弁護人が取調べに立ち会うことは一般的に妨げられており、虚偽供述が強要される危険性は極めて高い。被疑者は、弁護人の助言を受けながら供述することができないばかりか、自由に資料を確認しながら供述することもできない。身体拘束を受け、又は身体拘束の恐怖を感じている被疑者は、平常心を保つことも困難であり、的確な供述をすることは決して容易ではない。そうであるにもかかわらず、裁判実務上、取調べにおける供述の任意性や信用性は、極めて安易に認められている。近年、取調べにおける被疑者の供述が録音・録画されることが増えていることから、取調べで供述をした場合、仮に供述調書への署名押印を拒んだとしても、供述が不利益に用いられるおそれは否定することができない。このように、取調べで供述をすることには、相応のリスクがあることから、黙秘権を行使する方針を採用することが適切な場合は、決して少なくない。

　これに対し、供述をすることが依頼者の利益に適うと判断される場合には、供述をする方針を採用すべきことになる。例えば、被疑事実に争いがなく、早期の起訴猶予処分を目指す事案では、供述する方針を採ることが多くなるであろう。供述をする方針を採る場合には、供述調書への署名押印に応じるか、それとも署名押印は拒絶するかを決めなければならない。

　弁護人は、依頼者と十分に協議をして、取調べへの対応方針を決める必要がある。依頼者との協議にあたっては、黙秘権が憲法によって保障された権利であること（憲法38条1項）、供述調書への署名押印は拒むことができること（刑訴法198条5項）、供述調書の増減変更の申立てができること（同条4項）等を説明し、当該事件において供述をすることのリスクと見込まれる利益等について助言すべきである。なお、実務上、被疑者が黙秘権を行使すると明言しても、取調官は、取調べを中止せず、さまざまな言動で権利行使を断念させようとするのが実情であり、供述調書への署名押印の拒絶や増減変更についても、直ちに応じることは少ない。弁護人は、こうした実情や予想される取調官の言動等についても、被疑者に説明しておくべきである。そして、頻繁な接見を通じて、黙秘権等を侵害する

不当な取調べが行われていないか継続的に確認する必要がある。なお、正確な取調べ状況を被疑者と共有するためのツールとして「被疑者ノート」[5]を活用することも有効である。不当な取調べを認知した場合には、遅滞なく苦情申入れ等の対応を行うべきである。

重要なのは、取調べへの対応方針について、依頼者と協議を尽くし、明確に決定しておくことである。身体拘束の初期段階で捜査終結までの対応方針を確定できない場合には、次回接見までは黙秘をし、その後の対応方針は次回接見で決めるという方法も考えられる。

4 取調べの録音・録画

2016年の刑訴法改正により、裁判員裁判対象事件及び検察官独自捜査事件について逮捕・勾留された被疑者の取調べは、録音・録画が義務化された（刑訴法301条の2）[6]。最高検察庁及び警察庁は、上記改正法の施行に先立ち、裁判員裁判対象事件を含む一定類型の事件について、原則として全過程の録音・録画を実施するよう指示する通知ないし通達を発出している[7]。2017年度における裁判員裁判対象事件の録音・録画実施率は、検察庁では99.9％（全過程実施率98.4％）[8]、警察庁では96.2％（全過程実施率約85％）[9]と発表されている。

このように、裁判員裁判対象事件を含む一定類型の事件については、その多くで、取調べ全過程の録音・録画が実施されている。そのため、取調

---

5 日弁連一般ホームページ（HOME＞日弁連・弁護士について＞出版物のご案内＞パンフレット等）からデータを取得できる。
https://www.nichibenren.or.jp/library/ja/legal_aid/on-duty_lawyer/data/higishanote_06.pdf

6 供述調書等の任意性立証方法として、検察官が、取調べ記録媒体を請求しない場合、裁判所は当該供述調書等の証拠調べ請求を却下しなければならないことが定められた（刑訴法301条の2）。

7 最高検察庁平成29年3月22日付け「取調べの録音・録画の実施等について（依命通知）」。警察庁平成28年9月15日付け「取調べの録音・録画の施行指針」。

べが録音・録画されることを前提として、取調べへの対応方針を決定し、依頼者に助言することが必要である。録音・録画記録媒体は、任意性立証のためだけでなく、実質証拠として請求される可能性もあり[10]、供述調書への署名押印を拒絶した場合でも、取調べにおける供述が証拠として利用されるリスクが存在する。他方、取調べの全過程が録音・録画されることによって、従来よりも、黙秘権の行使を妨げる取調官の言動が抑制される効果も期待できる。そのため、取調べの録音・録画が実施される事件においては、黙秘権を行使する方針を採用することが適切な場合が増えると考えられる。

なお、上記改正法によって義務付けられる取調べの録音・録画は、いずれも逮捕・勾留中の被疑者に限ったものであり、運用上も、在宅被疑者の取調べの録音・録画は徹底されていない。弁護人は、改正法による義務化の対象外の事件においても、積極的に録音・録画を求める申入れを行っていくべきである。

また、刑訴法301条の2第4項は、取調べ録音・録画義務の例外事由として、①記録に必要な機器の故障その他のやむを得ない事情により、記録をすることができないとき（1号）、②被疑者が記録を拒んだことその他の被疑者の言動により、記録をしたならば被疑者が十分な供述をすることができないと認めるとき（2号）、③当該事件が暴力団員による不当な行為の防止等に関する法律3条の規定により都道府県公安委員会の指定を受

8　最高検察庁「検察における取調べの録音・録画についての実施状況」「平成30年3月までの実施状況」「裁判員裁判対象事件」平成29年4月～平成30年3月の実施率。
　　http://www.kensatsu.go.jp/kakuchou/supreme/rokuon_rokuga01.html

9　警察庁「警察における取調べの録音・録画の実施状況について」平成29年度の実施率。
　　https://www.npa.go.jp/bureau/criminal/sousa/

10　本書第3章Ⅳ4(4)参照。

けた暴力団の構成員による犯罪に係るものであると認めるとき（3号）、及び④犯罪の性質、関係者の言動、被疑者がその構成員である団体の性格その他の事情に照らし、被疑者の供述及びその状況が明らかにされた場合には被疑者若しくはその親族の身体若しくは財産に害を加え又はこれらの者を畏怖させ若しくは困惑させる行為がなされるおそれがあることにより、記録をしたならば被疑者が十分な供述をすることができないと認めるとき（4号）を定めている。したがって、取調べ録音・録画義務の対象事件であっても、これらの例外事由のいずれかに該当するとして、録音・録画が実施されない可能性があることに留意しなければならない。弁護人としては、録音・録画が実施されない状況の下の違法・不当な取調べに適切に対応するとともに、将来、例外事由該当性を争う場合に備える必要がある。特に、2号の例外事由は、黙秘をしている被疑者に対し恣意的に適用されるおそれがある。依頼者に対しては、録音・録画の有無にかかわらず黙秘権を行使する意思を、録音・録画が実施されているうちに明確に表明することなどを助言するべきである。

5　違法・不当な取調べへの対応

　違法・不当な取調べとして典型的なものは、黙秘権や署名押印拒否権の行使を妨害しようとする言動である。「説得」と称して被疑者の権利行使を執拗に断念させようとする発言や黙秘を指示する弁護人との信頼関係を破壊しようとする発言が繰り返されることは多い。供述すれば起訴猶予になる、あるいは供述しなければ求刑意見が重くなるなどと、利益・不利益を示唆することも珍しくない。裁判員裁判対象事件を含む重大事件では、任意同行段階や逮捕直後から、長時間の取調べが行われることも多い[11]。

　弁護人は、頻繁な接見を通じて、取調べの実施状況を常に把握するよう努め、違法・不当な取調べを認知した際には、速やかに苦情申入れを行うなどして、適切な対応をとる必要がある。書面による苦情申入れを行うことは、将来の違法・不当な取調べを防止するだけでなく、違法・不当な取

調べの結果として不利益な供述をしてしまった場合に、公判で任意性及び信用性を争うための証拠となる場合もある。

　2008年5月1日最高検察庁依命通達は、被疑者・弁護人から検察官に対して取調べに関する申入れや不満等の陳述がなされた場合、検察官及び検察庁には所定の調査や必要な措置を講じる義務を課している。また、「被疑者取調べ適正化のための監督に関する規則」（2008年4月3日国家公安委員会規則4号）は、警察官が被疑者取調べについて苦情の申出を受けた場合における取調べ監督官への通知を義務づけ、同規則が定める監督対象行為の有無等について調査を行うこと等を定めている[12]。

　弁護人は、上記通知や規則等を活用し、適切な苦情申入れを行うべきである。申入書は、取調べ担当検察官だけでなく、検察庁の決裁官、担当警察官所属の警察署長、都道府県公安委員長等に送付し、組織としての対応を求めることが考えられる。速やかな対応を求めるために直ちにFAX送信した上で、配達証明付き郵便で送付するのが確実である。

11　警察庁「被疑者取調べ適正化のための監督に関する規則」（2008年4月3日国家公安委員会規則4号）の3条2項は、事前承認の無い夜間（午後10時から午前5時まで）の取調べ及び長時間（1日につき8時間を超えるもの）の取調べについて、「取調べ調査官」（同規則10条1項）による調査が義務付けられる「監督対象行為」に該当すると定めている。

12　なお、同規則3条1項は、「やむを得ない場合を除き、身体に接触すること」（1号イ）、「直接又は間接に有形力を行使すること（イに掲げるものを除く）」（1号ロ）、「殊更に不安を覚えさせ、又は困惑させるような言動をすること」（1号ハ）、「一定の姿勢又は動作をとるよう不当に要求すること」（1号ニ）、「便宜を供与し、又は供与することを申し出、若しくは約束すること」（1号ホ）、「人の尊厳を著しく害するような言動をすること」（1号ヘ）、「事前承認の無い、午後10時から翌日の午前5時までの取調べ」（2号一）及び「1日につき8時間を超える取調べ」（2号二）を「監督対象行為」と定義している。このほか、苦情申出の窓口としては、公安委員会に対する苦情申出制度（http://www.kouaniinkai.metro.tokyo.jp/osirase.html）、最高検察庁監察指導部への情報提供（http://www.kouaniinkai.metro.tokyo.jp/osirase.html）等がある。

従来、被疑者から取調官からの暴言等があった旨の申告を受けて弁護人が苦情申入れを行っても、捜査機関からは、「調査の結果、当該暴言の存在は認められなかった」等の回答がなされ、「水掛け論」となることが多かったが、取調べ全過程の録音・録画が実施されている事案であれば、記録媒体を確認することによって、事後的に取調べ状況を検証することが可能となる。

6　接見内容の記録・保全

　接見の実施状況（日時・場所、同席者など）、依頼者から聴取した内容及び弁護人からの助言内容等は、正確に記録しておくべきである。事案によっては、依頼者の供述内容を証拠化するという目的で、接見内容を記録する場合もある。

　接見を通して、妄想を伴う精神障害を示唆する言動や飲酒酩酊・薬物急性中毒を疑わせる様子が認められる場合には、依頼者の状況をビデオカメラ等で撮影・記録し、保全することが考えられる。実際に、撮影した画像データが責任能力判断のための証拠として公判で採用された例もある。また、時間の経過により失われる又は変質する可能性のある事実を保全する目的で、接見内容を記録すべき場合もある。例えば、依頼者が逮捕時に捜査員から受けた暴行により生じたとする負傷部位を写真撮影する場合である。なお、弁護人が接見内容を電子機器等で記録した場合、当該記録媒体や情報の利用・管理は、慎重に行う必要がある。

　一方で、刑事・留置施設の対応として、弁護人の接見室での写真撮影や電子機器の利用等を制限しようとするケースも散見される。具体的には、施設職員が撮影行為等を現認した場合、撮影行為の中止や画像データ等の消去を求め、接見の中止措置等を執る可能性がある。施設側の要求が不当なものであるときは、これに応じる必要はない[13]。

Ⅳ 身体拘束からの解放等を目指す弁護活動

1 はじめに

　身体の拘束を受けている被疑者については、身体拘束からの解放に努めなければならない（弁護士職務基本規程 47 条）。起訴前の段階においては、勾留決定の回避、勾留延長決定の回避、又は勾留の取消を目指すべきことになる。逮捕された被疑者に対する勾留請求の却下率（全国）は、2006 にはわずか 0.41％だったものが、2017 年には 3.85％に増加している[14]。弁護人は、裁判員裁判対象事件を含めて、身体拘束からの解放を目指す弁護活動を積極的に行うべきである。

13　接見室内での写真撮影等を妨害されたことの違法性を問題とする国家賠償請求訴訟も複数提起されている。東京地判平成 26 年 11 月 7 日判タ 1409 号 306 頁は、撮影行為を理由に接見を中止させた拘置所の措置は違法であるとして慰謝料 10 万円の支払を命じた。しかし、同判決の控訴審である東京高判平成 27 年 7 月 9 日判時 2280 号 11 頁は、接見は意思疎通に限定するとした上で、拘置所が写真撮影を禁止することは許されるとして原告の請求を棄却し、最高裁も上告を棄却した（平成 28 年 6 月 15 日決定）。これは、あくまで事例判断に過ぎず、写真撮影等が接見交通権の保障を受けるか否かについて最高裁の判断を明示したものではないが、施設の実務運用に影響を与える可能性が高いため、同種の問題についての判断を示した他の裁判例と併せて十分にその内容を理解しておく必要がある。日本弁護士連合会接見交通権確立実行委員会編『接見交通権マニュアル　第 18 版』（2017 年）82 頁参照。

14　検察統計年報 2006 年、2017 年「最高検、高検及び地検管内別　既済となった事件の被疑者の逮捕及び逮捕後の措置別人員―自動車による過失致死傷等及び道路交通法等違反被疑事件を除く―」「逮捕後の措置」のうち「勾留許可」と「勾留却下」の人数を合算したものを分母として「勾留却下」のパーセンテージを算出。

2　勾留の要件

　刑訴法60条1項は、「定まった住居を有しないとき」（1号）、「罪証を隠滅すると疑うに足りる相当な理由があるとき」（2号）及び「逃亡し又は逃亡すると疑うに足りる相当な理由があるとき」（3号）を勾留の実体的要件として規定している。これに加えて、勾留の必要性も実体的要件であると解されており、その判断要素は、裁量保釈（刑訴法90条）の許容性の判断要素（保釈された場合に被告人が逃亡し又は罪証を隠滅するおそれの程度のほか、身体の拘束の継続により被告人が受ける健康上、経済上、社会生活上又は防御の準備上の不利益の程度その他の事情）と重なると考えられている[15]。最高裁判所は、最決平成26年11月17日集刑315号183頁及び最決平成27年10月22日集刑318号11頁において、「罪証隠滅の現実的可能性の程度」を検討して、勾留を却下した原々審の決定を支持している[16]。

　勾留に関する弁護活動にあたっては、勾留の要件を欠くことについて、的確な疎明資料を確保することが重要である。特に、「罪証隠滅の現実的可能性の程度」が低いといえる事情や、勾留された場合に解雇される危険性や健康状態が悪化する可能性など、依頼者が受ける不利益の内容については、具体的に主張・疎明するべきである。

15　伊丹俊彦＝合田悦三編『逐条実務刑事訴訟法』（立花書房、2018年）135頁。
16　両事件とも、逮捕後の勾留請求について原々審が勾留の必要性がないとして勾留請求を却下したのに対し、検察官が準抗告を申し立てたところ、原決定が勾留の必要性を肯定して準抗告を認容したことを受けて、弁護人が特別抗告を申し立てたものである。最決平成26年11月17日は、準抗告審は、原審の判断を覆す場合には、その判断が不合理であることを示さなければならないとした点でも重要である。

3 勾留を回避するための弁護活動

(1) 勾留請求の回避及び却下を求める意見

依頼者が逮捕された場合、検察官に対して、勾留請求しないように申し入れ、勾留請求された場合には、裁判官に対して、検察官の勾留請求を却下するよう意見書を提出して申し入れるべきである。いずれの場合にも、必要に応じて検察官及び裁判官と直接面会し、彼らが抱いている懸念にできる限りの手当をするべきである。意見の提出に際しては、身柄引受書、示談書、被害者に接触しないこと等を約束する誓約書、関係者の供述録取書、弁護人作成の電話聴取書、ウェブサイトの写し等の疎明資料を用意すべきである。

実務上、意見書の提出は、準抗告の申立てと異なり、ファックスによって行うことも認められている。

なお、勾留請求却下の裁判がなされた場合には、検察官から準抗告の申立て（刑訴法429条1項2号）がなされる可能性がある。通常、検察官は、準抗告の申立てに際して、原裁判の執行停止を併せて求めるため（刑訴法432条、424条）、勾留請求が却下されても直ちに依頼者が釈放されない場合がある。必要に応じて、検察官に連絡し、準抗告を行う予定があるかどうかを確認すべきである。

(2) 勾留状謄本の取得

被疑者に対する勾留決定がなされた場合、正確な被疑事実等を確認するために勾留状謄本を取得するべきである。国選弁護人の場合には、選任時に勾留状謄本の写しがファックス等で送付される。私選弁護人の場合には、裁判所に対して勾留状謄本の交付請求を行う必要がある。なお、交付請求から実際の交付を受けるまでに数日を要することが多いところ、裁判所と弁護士会との協議により、勾留状の謄本に代わり、写しを事実上交付する運用をしている地域もある。

(3) 勾留決定に対する準抗告

　勾留決定がなされた場合、弁護人は、勾留決定に対する準抗告の申立て（刑訴法429条1項2号）を行うべきである。準抗告の申立書に記載する内容は、勾留請求の回避又は却下を求める意見書に記載した内容と重なる部分も多いが、勾留決定をした裁判官とは異なる合議体の判断を受ける意義は大きい。申立てにあたっては、可能な限り、裁判官と面会し、裁判官の懸念にできる限りの手当をするべきである。なお、準抗告審は、事後審であると解されているが、「原裁判がなされた当時に客観的に存在した事実に関する証拠（原裁判後に作成または入手されたものを含む）」や「原裁判後に生じた新たな事情（原裁判から短期間のうちに生じたものであり、それを取り調べることにより原裁判の結論に影響が及ぶ事実であって、迅速に取り調べることが可能であり、準抗告手続の中で取り調べて一挙に解決するのが適当と認められる場合）」についても、「取り調べて参酌することが可能である」と解されている[17]。したがって、準抗告の申立てに際して、例えば、勾留決定後に示談が成立した等の事情を記載して、当該示談書等を資料として提出することも実務上許容されている。ただし、原裁判から相当程度期間が経過した後に生じた事情が、勾留の理由や勾留の必要を否定する主たる事情になっている場合には、勾留取消請求を選択すべき場合もあると考えられる。なお、準抗告の申立書は、当該審級の刑事事件係に提出することとされている。

　準抗告に対する決定書は、弁護人に送達されるほか、勾留中の被疑者にも送達される。決定書には、準抗告を認容（刑訴法426条2項）あるいは棄却（同1項）した理由が記載される。いずれも簡潔な記載であることが多いが、裁判所が着目した事情等を知ることができる。

---

[17] 傳田喜久＝河原俊也「準抗告裁判所の判断資料、裁判」判タ1179号85頁（2005年）。

(4) 準抗告棄却決定に対する特別抗告

　勾留に対する準抗告が棄却された場合、特別抗告を申し立てることができる（刑訴法433条）。特別抗告の理由は、①憲法違反（刑訴法405条1号）、②判例違反（同法405条2号・3号）に限られる（刑訴法433条が準用する405条）。特別抗告においても刑訴法411条が準用されると解されていることから（最決昭和26年4月13日刑集5巻5号902頁）、憲法違反及び判例違反にあたる事情がなくとも、事実誤認や法令違反など刑訴法411条各号に掲げる事由について、原決定を破棄しなければ著しく正義に反するとして、職権破棄を求めることができる。

　特別抗告の申立期間は5日間であり（刑訴法433条2項）、準抗告棄却決定書が送達された日の翌日から起算される（同法414条、358条、刑訴規34条本文）。決定書は、弁護人及び被疑者に送達されるため、弁護人より先に被疑者に送達された場合には、起算日は被疑者への送達のあった翌日となるので注意が必要である。被疑者への送達日は書記官に連絡すれば確認できる。特別抗告の宛先は最高裁判所であるが（刑訴法433条1項）、申立書は原裁判所に提出する。

4　勾留延長に関する弁護活動

(1) 勾留延長の要件

　刑訴法208条2項は「やむを得ない事由があるとき」に勾留期間を延長できると定める。この「やむを得ない事由があるとき」とは、「事件の複雑困難、証拠収集の遅延もしくは困難等の事情があり、勾留期間を延長してさらに取調べをするのでなければ起訴・不起訴の決定をすることが困難な場合」をいうとされている（最判昭和37年7月3日民集16巻7号1408頁）。

(2) 勾留延長請求の回避及び却下を求める意見

　勾留期間の満期に先立ち、弁護人は、検察官に対して、勾留期間延長請

求しないよう求める意見書を提出することを検討すべきである。また、勾留延長の判断を行う裁判官に対しては、検察官の勾留延長請求を却下するよう申し入れるべきである。弁護人は、事案の内容や予想される証拠構造等から、「やむを得ない事由があるとき」に該当する事情がないことを主張する。終局処分を決める上で必要な捜査が未了であったとしても、当該捜査が、先行する勾留期間中に当然実施されるべきであったと考えられる場合には、「やむを得ない事由があるとき」にはあたらないと解されるべきである。また、証拠物の鑑定など、未了となっている捜査が依頼者の身体拘束がなくとも実施に支障がないといった事情も「やむを得ない事由」にあたらない根拠として主張することもできる。

　検察官が勾留期間中に終局処分をするのか、あるいは勾留期間の延長請求をするのかを決定する場合には、検察庁内部の決裁を得ることとなっている。そのため、遅くとも勾留満期の前々日には、検察官に意見書等を提出しておくべきである。また、略式罰金が見込まれるような事案であれば、罰金の納付見込や身柄引受人の存在等を伝えることで、勾留期間を延長せずに、先行する勾留期間内に略式請求を行うという検察官の処分を促すことも検討すべきである。

　なお、勾留期間延長請求却下の裁判がなされた場合に、検察官から準抗告の申立て（刑訴法429条1項2号）がなされる可能性があることは、勾留決定の場合と同様である。

(3)　勾留状謄本交付請求

　勾留期間の延長を認める裁判がなされた場合、裁判所に対して改めて勾留状謄本の交付請求を行うことができる。勾留期間延長の裁判がなされた後は、勾留状の「勾留期間の延長」欄に「被疑者取調べ未了」「関係者取調べ未了」、「引き当たり捜査未了」「鑑定未了」等の記載（定形文言の押印）により、裁判官が勾留期間の延長を認めた理由を確認できる。

(4) 勾留延長決定に対する準抗告等

　勾留期間延長決定がなされた場合、弁護人は、同決定に対する準抗告の申立て（刑訴法429条1項2号）を行うべきである。準抗告の申立てに際しては、勾留状謄本記載の延長理由を確認した上で、「やむを得ない事由」に該当しないことを論じる必要がある。なお、検察官は多くの事件で10日間の勾留延長を請求し、裁判所が請求どおりの勾留延長を認める決定を行うことも多いが、勾留延長決定に対する準抗告を申立てた結果、原裁判を取り消した上で、10日間よりも短い期間に限った延長を決定することもある。

　勾留延長決定に対する準抗告が棄却された場合に特別抗告の申立てができることは、勾留決定の場合と同様である。

5　接見等禁止に対する弁護活動
(1)　はじめに

　刑訴法81条は「逃亡し又は罪証を隠滅すると疑うに足りる相当な理由がある場合」に弁護人（及び弁護人となろうとする者）以外の者との接見や書類その他の物の授受等（以下「接見等」という）の禁止等ができるとしている。接見等禁止の裁判は、検察官の請求又は裁判官の職権でなすことができるとされている（刑訴法81条）。実務上は、検察官が起訴前の勾留請求に際して接見禁止の裁判を併せて求め、裁判官はそれを認めていることが多い。特に、共犯者が存在する事案等では、接見等禁止決定が付されることは極めて多い。接見等禁止により被疑者が受ける心理的負担や社会生活上の不利益は甚大であるが、十分に理解されていないことが危惧される。

　弁護人は、裁判員裁判対象事件を含む重大事案であっても、身体拘束にとどまらず接見等禁止の不利益まで課す正当性が存在するのか、厳格な司法判断を求めていくべきである。また、全面的な接見等禁止の取消しが認められない場合であっても、事件と無関係な親族・知人等に限って面会が

認められることや、福祉専門家等支援者との面会が認められることもある。弁護人としては、接見等禁止を一部取消しする職権発動を求める申入れを行うことも検討すべきである。

(2) 接見等禁止決定に対する準抗告

弁護人は、接見等禁止決定に対して準抗告を申し立てることをまず検討すべきである。刑訴法81条は「逃亡し又は罪証を隠滅すると疑うに足りる相当な理由がある場合」に限り接見等を禁止できると定めている。勾留されている被疑者について、接見等禁止が解除されることで「逃亡」が疑われるといった状況はあまり想定しがたい。そのため、実際の接見等禁止決定の多くは「罪証を隠滅すると疑うに足りる相当な理由」があることを理由としている。

接見等禁止の要件とされる「相当な理由」は、刑訴法60条1項2号及び3号の定める勾留の要件と同一の文言である。しかしながら、接見等禁止は、そもそも被疑者が勾留されていることを前提に、補充的に設けられた制度である以上、刑訴法81条の定める「相当な理由」の内容もそのことを踏まえて解釈する必要がある。すなわち、刑訴法81条に定める「罪証を隠滅すると疑うに足りる相当な理由」とは、被疑者の身体を拘束しただけでは防止できないような強度の罪証隠滅のおそれがある場合に限られると解するべきである。したがって、準抗告の申立てに際しても、その様な解釈を踏まえた具体的な主張を行うことになる。

なお、接見等禁止の準抗告は、接見等禁止の裁判全部の取消を求める場合が通例だが、特定の親族等との接見等の禁止に限って取消を求める準抗告も可能である。もっとも、準抗告審が事後審であるという性質から、原裁判所が把握していなかった新たな事情や資料について、取調べ・参酌することには限界があると解されることもあり、一部取消を求める場合には、後述の接見等禁止の解除を求める職権発動を促す申立てを行う場合もある。

(3) 接見等禁止決定に対する特別抗告

接見等禁止決定に対する準抗告が棄却された場合、特別抗告も検討すべきである[18]。最決平成31年3月13日は、弁護人が責任能力の鑑定を依頼した医師等を接見等禁止の対象から除外することを求めた準抗告を棄却した決定について、「特段の事情がない限り、被告人が接見等により実効的な罪証隠滅に及ぶ現実的なおそれがあるとはいえず、また、連日的な集中審理の公判に向けた準備を行う必要性が高い」と判断して、原決定を取り消した。

(4) 接見等禁止の解除を求める申立て

弁護人は、接見等禁止の決定を行った裁判官（原裁判官）に対して、接見等禁止を解除する旨の職権発動を促す申立てを行うことができる。実務上も、この方法が多く用いられている。特に、前述のとおり、接見等禁止決定の全部取消が難しいケースにおいて、一部の解除を求める場合には、本申立てを行うことが多い。一部解除の種類としては、特定の人物との面会を認めるものだけでなく、特定の人物との面会について指定した日時・回数に限って認めるものや、特定の手紙に限って発信や受信を認めるものがある。もっとも、接見等禁止が例外であることからすれば、あまりに細かい条件での職権発動を常態化させるべきではなく、可能な限り、幅広い解除を認めるよう裁判官を説得すべきである。解除を求める際には、面会を求める人物の素性や被疑者との関係性がわかる資料（住民票、戸籍謄本など）や、必要に応じて、罪証隠滅の可能性が否定されることや、面会を実施する必要性が高いことを示す資料（陳述書、誓約書など）を提出する

---

18 接見禁止等決定の憲法的意義については、木下昌彦「接見禁止と接見の自由—よど号ハイジャック記事抹消事件判決を起点とした一試論—」（木谷明編集代表『憲法的刑事弁護—弁護士高野隆の実践—』（日本評論社・2017年））が参考になる。

ことを検討すべきである。

　なお、本申立ては、あくまで職権発動を促すものに過ぎないことから、裁判官にはこれに応答する訴訟上の義務が生じない。実務上も、職権発動を行わないという場合には、書記官が口頭（電話）で「職権を発動しない」旨を連絡するという運用も多い。一方、職権発動して一部解除を認める場合には、その旨の決定書が作成され、弁護人及び被疑者に送達されることが多い。接見等禁止解除に対しては、検察官は準抗告することができるものとされている。

6　勾留に関するその他の弁護活動
(1)　勾留取消請求

　刑訴法87条は「勾留の理由又は勾留の必要がなくなったとき」に、勾留取消請求を行うことを認めている。前記のとおり、勾留決定や勾留延長決定に対する準抗告申立てに際して、原裁判の基礎になっていない新たな事情や資料を取り調べて参酌できるとの解釈が定着していることもあり、実務上は、勾留取消請求はそれほど活用されていない。もっとも、準抗告申立てに際して参酌できる事情は無制限ではないことから、原裁判から相当程度期間が経過した後に生じた事情が、勾留の理由や勾留の必要を否定する主たる事情になっているような場合には、勾留取消請求を選択すべき場合もある。なお、勾留取消請求は、事情の変更があれば何度でも行うことができる。

　勾留取消請求を却下する決定に対しては、準抗告をすることができる（刑訴法429条1項2号）。

(2)　勾留執行停止の申立て

　裁判官が「適当と認めるとき」は、被疑者の勾留につき執行を停止することができる（刑訴法95条）。被疑者の健康状態が悪化して入院治療が必要である場合、近親者の危篤や死亡、入試や学校の試験等の事情がある場

合には、具体的な資料とともに執行停止が適当である事情を説明して、裁判官に対し、勾留執行停止の職権発動を促す申立てを行うべきである。勾留執行停止の決定は、執行停止の期間（日時）を定めた上で行われる。また、特定の場所に居住（滞在）することや弁護人又は適切な戒護者等の付き添いが指定条件として付されることも多い。そのため、弁護人は、執行停止の際の具体的なスケジュールや移動手段及び同行者の確認等について、裁判官や留置施設担当者と細かく協議して決めておくことが望ましい。

(3) 勾留理由開示請求

勾留されている被疑者、被告人やその一定の親族及び弁護人らは、裁判所に対し、勾留の理由の開示を請求することができる（刑訴法82条）。

勾留理由開示請求書には、請求の理由等を記載する必要はなく、請求を受けた裁判所は、請求日より5日以内に、勾留理由開示の公判期日を開かなければならない（刑訴規84条本文）。

勾留理由開示の公判は公開の法廷で行われ（刑訴法83条1項）、裁判所による勾留理由の開示、弁護人による求釈明、被疑者による意見陳述等が行われる。勾留理由の開示において、どの時点の理由が開示されるべきか（勾留の裁判時点か、理由を開示する時点か）、いかなる範囲の理由が開示されるべきか（刑訴法60条1項各号の要件の告知で足りるか、それらに加えて各要件に該当すると判断した証拠資料まで示した具体的な告知まで必要か）については解釈が分かれている[19]。実務では、個別の証拠資料についての具体的に言及することなく、刑訴法60条1項各号の要件を認めたとの結論のみ告知する程度の不十分な開示しかなされないことが多いが、適切な求釈明を行うことによって、勾留取消請求や準抗告申立ての際に主張できる有益な事情を把握できる場合もある。

被疑者による意見陳述は、弁護人の質問に被疑者が答える方式とあらか

19　新関雅夫ほか『新版令状基本問題』（一粒社、1986年）463頁。

じめ準備した書面を読み上げる方式のいずれも可能であるが、時間は1人10分以内という制限がある（刑訴規85条の3第1項）。意見陳述の内容は、勾留理由開示公判の調書として記録されるところ（同規86条）、同調書については、刑訴法322条の特信性が認められやすいことから、弁護側証拠を作成する方法の一つとして、勾留理由開示を利用することもできる。もっとも、身体を拘束されている被疑者が証拠開示も受けない段階で正確かつ的確な供述をすることは必ずしも容易ではないから、そのリスクとメリットは慎重に検討する必要がある。

勾留理由開示の副次的な効果として、接見等禁止が付されている被疑者が、親族や知人の姿を見ることできるという点も挙げられる。

勾留理由開示請求は、一つの勾留中に1回に限り認められる。

V　有利な終局処分の実現に向けた弁護活動

被疑事実に争いのない事案等では、起訴猶予の実現が最も重要な目標となることがある。例えば、性犯罪等の被害者の意向が比較的重視されるべき類型の事件については、示談成立や被害届・告訴の取下げといった捜査段階の経緯を踏まえて起訴猶予となる可能性がある[20]。

裁判員裁判対象事件であっても、捜査の結果、例えば、強盗致傷罪にあたる被疑事実で逮捕・勾留された被疑者が窃盗罪と傷害罪で起訴されるこ

20　性犯罪に関する刑法の一部改正（平成29年7月13日施行）により、性犯罪が非親告罪とされたが、平成29年6月26日付法務省刑事局長発出「『刑法の一部を改正する法律』の試行について（依命通達）」は、「性犯罪については、もとより、被害者のプライバシー等の保護が特に重要であり、事件の処分等に当たっても被害者の身上に配慮することが必要であることは、強姦罪を非親告罪化した後も変わるものではない。したがって、本法施行後においても、引き続き、事件の処分に当たって被害者の意思を丁寧に確認するなど被害者の心情に適切に配慮する必要があることに留意されたい」としている。

とや、放火罪にあたる被疑事実で逮捕・勾留された被疑者が器物損壊罪で起訴されることもあり、被害弁償がなされ、示談が成立すれば、公判請求そのものを回避できることもある。したがって、弁護人としては、上記のような事案においては、できる限り終局処分前の被害弁償や示談成立等に努めるべきである。仮に被害弁償等が間に合わない場合でも、検察官に対して交渉経緯を伝え、処分を保留にして被疑者を釈放した上で、被害弁償の結果等を踏まえて終局処分を決めるよう申し入れるなどの対応も考えられる。

また、住居や就業先の確保や依存症等の治療機関の受入れなど、生活環境や治療環境等が十分に整えば公判請求を回避し得る場合もある。そのような事案においては、福祉や医療の専門家等の支援を得ることも検討すべきである。

被疑事実に争いのある事件において、黙秘を徹底することによって、嫌疑不十分による不起訴処分となることもある。

精神の障害を有する被疑者については、責任能力が認められないことを理由とした不起訴処分がなされることがある。弁護人も、接見で得られる情報はもちろん、家族等からの聴き取り、精神保健福祉手帳等取得の有無の確認、入通院歴等の調査など、責任能力の有無に関して可能な限り情報を収集すべきである。必要があれば検察官とも率直な意見交換や情報共有を行い、適宜鑑定実施を申し入れることも検討すべきであろう[21]。

VI 公判準備

公判請求される可能性が高い事件では、捜査段階から、公判の準備として弁護人独自の調査や証拠収集を行うべき事案も多い[22]。特に、現場の実況見分や目撃者等からの事情聴取は、事件発生直後の段階で実施することが有効な場合が多い。現地調査や関係者からの事情聴取を行う場合は、写真撮影や録音・録画を実施し、直ちに報告書を作成するなど、証拠として

請求することを念頭においた記録を忘れないようにすべきである。また、期間の経過によって失われてしまう可能性のある証拠資料について、証拠保全（刑訴法179条1項）を請求する方法もある。具体的には、一定期間が経過すると消去されてしまう防犯カメラ映像、被疑者が事件時又は取調べ時に負傷した場合の受傷状況、あるいは妄想などの精神症状が出現している被疑者の様子等の保全を求めることが考えられる。

取調べにおける黙秘や供述調書に対する署名押印拒否の徹底は、起訴後に請求される不利益な被告人供述調書を作らせないという意味で、極めて重要な公判準備である。

なお、身体拘束からの早期解放を目指す弁護活動や、有利な終局処分の実現に向けた弁護活動の多くは、仮に公判請求された場合にも無駄にはならない。勾留や勾留延長決定に対する準抗告等のために準備した資料は保釈請求に必要な資料の多くと共通するし、起訴猶予処分を目指すために獲得した資料や関係者との連携等は、そのまま情状立証の証拠として活用することができるだろう。

---

21 医療観察法の対象行為（医療観察法2条1項）に該当する場合、責任無能力あるいは限定責任能力を理由とした不起訴処分がなされると、検察官は、医療観察法による医療及び観察を受けさせるべきかどうかを決定するよう裁判所に対して申し立てなければならないことから（同法33条）、審判の結果によっては、長期の強制的な入院を余儀なくされる可能性がある。また、検察官が、不起訴処分と同時に精神保健福祉法による措置入院（精神保健福祉法29条）の手続を採る場合や、親族らに同法の医療保護入院（同法33条）の同意を行うよう求めてくる場合がある。弁護人は、治療の必要性のみならず、被疑者の治療や入院に対する意向にも十分に配慮すべきである。

22 本書第2章Ⅳ参照。

◆ Column
黙秘権

1　黙秘権の根拠

　憲法 38 条 1 項は「何人も、自己に不利益な供述を強要されない」として、黙秘権を保障している。刑事訴訟法は、これを受けて、被疑者及び被告人は、終始沈黙し又は個々の質問に対し供述を拒むことができることを明らかにしている（刑訴法 198 条 2 項、291 条 4 項、311 条 1 項）。さらに、日本が 1979 年に批准した自由権規約 14 条 3 項(g)も、すべての者は「自己に不利益な供述又は有罪の自白を強要されないこと」の保障を受ける権利を有すると定めている。

　憲法 38 条 1 項は、「何人も、刑事事件において、自己に不利な証人となることを強制されない」（No person……shall be compelled in any criminal case to be a witness against himself）と規定したアメリカ合衆国憲法修正 5 条に由来する。アメリカ合衆国では、1966 年、連邦最高裁判所が、身体拘束下における取調べは本質的に強制的な圧力を内在しているとして、これに先立ち、①黙秘権、②供述が不利な証拠となり得ること、③弁護人を取調べに立ち会わせる権利及び④公選弁護人の援助を受ける権利の告知を要求し、被疑者が黙秘権又は弁護人を取調べに立ち会わせる権利を行使した場合には、捜査機関は取調べを直ちに中断しなければならないことを明示した（ミランダ判決）[23]。同判決は判例として確立され、2000 年、連邦最高裁判所は、同判決が示した法則は立法によって変更することのできない憲法上の法則であるとの判断を示すに至った。

　これに対し、日本では、最高裁判所が明確な判断を示すこともないま

---

[23]　Miranda v. Arizona, 384 U.S. 436（1966）。

ま、逮捕又は勾留された被疑者には取調べ受忍義務があるとする解釈に基づいた捜査実務が定着している。しかし、捜査機関が供述を拒んでいる被疑者を取調室に監禁して供述を要求し続けることが黙秘権の侵害にあたらないというのはあまりにも恣意的な解釈であり、そのような捜査実務を容認することは憲法を尊重する義務を果たしたものといえないであろう。

2　防御方法としての黙秘権の行使

　黙秘権の行使は、それを困難にしている捜査実務にもかかわらず、被疑者にとって、しばしば最善の防御方法となり得る。

　嫌疑を否認している被疑者は、取調べにおいて、否認供述をするか、黙秘権を行使するかを選択することになる。否認供述をすることによって、捜査機関が嫌疑を解消し、検察官が不起訴処分をすることが期待可能なのであれば、それは有効な防御方法となる。

　しかし、捜査機関は既に嫌疑を抱いて取調べをしているのであるから、中立的な立場から被疑者の供述を評価し、積極的に嫌疑を解消するための捜査をすると期待できることは、それほど多くない。捜査機関が逮捕・勾留に及んでいるときは、強い嫌疑を抱いているのであり、身体拘束を正当化しようとする力も働くことから、なおさらである。そのような捜査機関に対して、被疑者が供述をすることは、被疑者に不利益となる危険が大きい。多くのえん罪事件において、捜査機関は、被疑者の供述内容を否定して自白を強要したり、被疑者の供述内容を否定する参考人や共犯者の供述調書を作成したりしたことが判明している。捜査機関が、被疑者の供述を裏付ける客観証拠を改ざんし、還付して証拠開示を免れようとした事案も発覚している。

　また、被疑者が、弁護人の立会いもない取調べにおいて、嫌疑を抱いている捜査機関に対し、的確な供述をすることは、必ずしも容易ではない。心理的な圧迫を受け、正確な記憶もなく、自由に資料を確認するこ

とも許されない条件の下で、不利益な供述を獲得される危険は大きい。被疑者が身体拘束されているとき、その危険は一段と大きなものとなる。

このように、嫌疑を否認している被疑者にとって、供述をすることにはさまざまなリスクがあり、黙秘権の行使が最善の防御方法となることは多い。

嫌疑を認めている被疑者にとって、黙秘権の行使が最善の防御方法となることも、少なくない。供述をすることによって、捜査機関が被疑者に有利な事実を裏付ける捜査をしたり、被疑者に有利な終局処分をしたりすることが期待可能なのであれば、供述することは有効な防御方法となる。しかし、それらが期待できない事案においては、供述をすることには、否認の場合と同様のリスクがあることになる。そのような事案においては、黙秘権の行使が最善の防御方法ということになる。

公判においても、黙秘権の行使が最善の防御方法となることがある。被告人質問は、刑事裁判において当然に行われるものではなく、被告人側が目標とする判決を実現するための証拠調べとして必要とする場合に行うべきものである。日本の刑事裁判において、被告人供述の信用性が肯定されることは少ない。検察官請求証人の証言と被告人の供述の内容が対立した場合、被告人の供述内容が採用されることは、極めて稀である。検察官請求証人であれば、些末で信用性を左右しないものと評価される供述の変遷や証拠との不整合であっても、被告人については信用性を全面的に否定する理由とされている。そして、被告人供述の信用性を否定されることの実際上の効果は、被告人が供述した事実が認定されないことにとどまらず、被告人に不利益な認定をすることを動機づけ、不合理な事実認定や量刑判断を引き起こすこともある。被告人が供述をする不利益が利益を上回るとき、公判においても、黙秘権の行使が最善の防御方法となる。

3 黙秘権を実質的に保障する弁護活動

　黙秘権の行使が最善の防御方法となることが多いとの認識は、近年、弁護人の間で広く定着してきている[24]。

　弁護士職務基本規程48条は「弁護士は、被疑者及び被告人に対し、黙秘権その他の防御権について適切な説明及び助言を行い、防御権及び弁護権に対する違法又は不当な制限に対し、必要な対抗措置を採るように努める」ものとしている。弁護人は被疑者及び被告人の権利及び利益を擁護する立場にあるのだから、捜査機関や裁判所のように黙秘権を形式的に告知するだけで、適切な助言をしたことにはならない。弁護人は、捜査及び公判の各段階において、獲得目標及びケース・セオリーを踏まえ、黙秘権行使のメリットとデメリットを分析し、最善の方針を提示しなければならない。黙秘権を行使する判断だけではなく、事情の変化に応じて、黙秘を解除する判断が必要となる場合もある。

　憲法は「何人も、自己に不利益な供述を強要されない」と保障しているのであるから、仮に被疑者・被告人が「真犯人」であったとしても、そのことは弁護人が黙秘権行使を助言しない理由とはならない。「真犯人」は取調べにおいて供述し、反省の態度を示すべきであるという思想は、前時代的で、憲法の精神に反するものである。そのような思想に基づいて行われてきた取調べにおいて、虚偽の自白が強要され、人権保障にも事案の真相解明にも反する結果が生み出されてきたことを忘れるべきではない。

　黙秘権を行使する方針を決めた場合、弁護人は、被疑者がその意思に反して黙秘を断念することのないよう支援し続ける必要がある。また、黙秘権を行使したことが、あらゆる意味で不利益に扱われることのない

24　弁護士を対象とするアンケート調査において、否認事件で黙秘を勧めたことがあるとの回答が94％に達したとの報告がある。菅野亮『特集　黙秘が武器になる』季刊刑事弁護79巻（2014年）9頁。

よう、できる限りの弁護活動を怠ってはならない。

　捜査機関は、取調べの録音・録画が実施されている現在もなお、黙秘権を行使する意思を表示している被疑者を取調室に監禁し、不利益を告知したり、弁護人を非難したりして、黙秘権を放棄して供述することを要求する取調べを行っている。このような妨害に対し、黙秘権を実質的に保障するための弁護活動として最も重要なのは接見である。できる限り連日接見して、権利行使の意義を確認し、予想される捜査機関の言動も伝え、被疑者を励まし続けることが重要である。さらに、違法・不当な取調べが行われたときは、捜査機関に対して、毅然とした抗議や苦情申入れを行う必要がある。

　公判で黙秘権を行使する場合、被告人が証言台に座らされ、質問に曝されることを放置すべきではない。黙秘した事実からの不利益推認が禁止されることは、黙秘権の内容である。検察官が、黙秘権を行使する意思を表示している被告人を証言台に座らせ、質問を浴びせることは、不利益推認を期待していないのであれば全く意味のない行為であり、不利益推認の禁止の潜脱であることが明らかである。弁護人は、黙秘権行使の意思を明確に表示した後、被告人を証言台に座らせるべきではなく、検察官の質問に対しては、異議を申し立て続けるべきである。そして特に裁判員裁判においては、最終弁論において、黙秘権の意義や必要性について、共感を得られるような丁寧な説明を行うことも必要となる。事案によっては、裁判長に対し、不利益推認の禁止を含めた黙秘権の説明を求めるべきであろう。

　弁護人は、黙秘権を行使していることによって、身体拘束につき不利益に扱われることを回避するためにも、最善を尽くす必要がある。勾留決定に対する準抗告の裁判においても、保釈に関する裁判においても、検察官は、黙秘権の行使が罪証隠滅を疑わせる事情であると意見を述べることがある。2016年の刑訴法改正にあたり、衆参両院の法務委員会は、「保釈に係る判断に当たっては、被告人が公訴事実を認める旨の供述等

をしないこと又は黙秘していることのほか、検察官請求証拠について刑事訴訟法第326条の同意をしないことについて、これらを過度に評価して、不当に不利益な扱いをすることとならないよう留意するなど、本法の趣旨に沿った運用がなされるよう周知に努めること」を求める附帯決議をしている。黙秘権を行使している事件で保釈請求を行う場合には、上記附帯決議を引用するなどして、不当に不利益な扱いをすることとならないよう、注意喚起をすべきである。また、供述をしないことを理由として身体拘束を継続するのは、拷問等禁止条約が禁止する「拷問」(「身体的なものであるか精神的なものであるかを問わず人に重い苦痛を故意に与える行為であって、本人若しくは第三者から情報若しくは自白を得ること……を目的として……、かつ、公務員その他の公的資格で行動する者により又はその扇動により若しくはその同意若しくは黙認の下に行われるもの」)にも当たる行為である。検察官が黙秘を理由として保釈に反対意見を述べているときは、その違法性を明らかにすることも重要である。

第2章

起訴後の公判準備

I　ケース・セオリーの構築

　起訴後も、弁護人は引き続き、依頼者の権利及び利益を擁護するため最善の弁護活動に努めなければならない。起訴後の弁護活動においては、依頼者の利益に適う「目標とする判決（裁判）」を設定し、その判決を実現することが目指されることになる。目標とする判決は、事件によって、無罪であったり、執行猶予であったり、有期懲役であったり、死刑の回避であったりする。弁護人は、依頼者に対し事件の見通しを含めた適切な助言をし、依頼者の意思に沿って、目標とする判決を設定するべきである。

　目標とする判決を実現するためには、依頼者の言い分をそのまま主張し、供述させることや、検察官の主張・立証を場当たり的に批判することは、一般的に効果的とはいえない。目標とする判決を実現するためには、公判が始まる前に、証拠を十分に検討し、その判決を事実認定者がすべき理由を明確に構築したうえで、それに沿って、一貫した弁護活動を行うことが合理的である[1]。

　「目標とする判決」を事実認定者がすべき理由のことを、ケース・セオリーという[2]。無罪を目標とする事件では無罪とすべき理由が、執行猶予を目標とする事件では執行猶予を付すべき理由が、有期懲役を目標とする事件では有期懲役とすべき理由が、死刑の回避を目標とする事件では死刑

を回避すべき理由が、ケース・セオリーである。ケース・セオリーには、必ずしも法廷で明示的に表明されず、弁護人の思考の中に留まる事実や証拠の説明も含まれる。ケース・セオリーの要点は、目標とすべき判決をすべき理由の核心であるから、いつでも簡潔に表現できるように準備すべきである。

　事実認定者は、証拠に基づいて事実を認定し、法令を適用して判決をすることが求められており、その過程ではさまざまな推論が用いられる。したがって、ケース・セオリーの構成要素となるのは、証拠、事実、法令及び論理である。

　ケース・セオリーは、目標とする判決を実現するために構築するものである。したがって、ケース・セオリーは、判決書に記載される形式上の理

1　池田修＝合田悦三＝安東章『解説　裁判員法（第3版）―立法の経緯と課題』（弘文堂、2016年）143頁でも、「従前の弁護活動をみると、…争点を明示せずに、公訴事実を全面的に争って検察官の主張・立証の弱い点を突き、いろいろな角度からの疑問点を指摘して合理的な疑いが残るなどと主張するものもあった。公判前整理手続を経た裁判員裁判では、このような弁護活動は少なくなると考えられている。」「弁護人としては、少なくとも裁判員裁判においては、そのような弁護方針が効果的でないことを十分に理解しておく必要がある。」という指摘がなされている。このような指摘は、検察官の主張・立証を場当たり的に批判するような弁護活動が効果的でないという意味では、的確であるといえる。しかし、弁護人が証拠を検討し、ケース・セオリーを構築した結果、公訴事実を全面的に争うべき事案も存在する。そうであるにもかかわらず、裁判官が上記のような見方を強調することには、問題がある。このような見方は、検察官の主張する事実は争いの余地のないものが多いはずだという予断の現れであると疑われるし、検察官の見立てが誤っているために、争うべくして争っている被告人に対し、不当な偏見を持つことにもつながるからである。

2　高野隆＝河津博史『刑事法廷弁護技術』（日本評論社、2018年）第2章参照。なお、「ケース・セオリーに含まれる主要な事実を物語として表現したもの」はケース・ストーリーと呼ばれており、「ケース・ストーリーを印象深い、簡潔な言葉で要約したもの」はテーマと呼ばれている。テーマとすべきなのは、目標とする判決をすることを動機づける言葉である。

由ではなく、実際の事実認定者の心理過程に対応して、構築されなければならない。判決書では、事実が直接事実、間接事実と補助事実に分類されるとしても、実際の判断の形成過程においては、補助事実は間接事実よりも影響力が小さいということにはならない。さらに、人の判断は、感情やさまざまなバイアスの影響を強く受けるものであるから、ケース・セオリーの構築にあたっては、事実認定者の感情やバイアスを意識し、それらに対処することが必要となる。事実認定者の感情や核となる信念と適合するものであることは、優れたケース・セオリーの必要条件である。いかに論理的に一貫したケース・セオリーであったとしても、事実認定者の感情や核となる信念と適合しないものが受け容れられる見込みは乏しい。

　事実認定者は、すべての証拠能力のある証拠に基づいて、事実を認定し、判決をすることが求められている。したがって、すべての証拠を合理的に説明できる論理を含んでいることも、優れたケース・セオリーの必要条件である。依頼者にとって不利な事実や証拠についても、それが目標とする判決の妨げとならないことを説明する論理が必要となる。

　公判前整理手続を含む起訴後の公判準備は、ケース・セオリーを構築しながら進行することになる。ケース・セオリーを構築する具体的方法としては、ブレイン・ストーミングによる方法が提唱されている。

　公判前整理手続に付された事件においては、ケース・セオリーに含まれる有利な証拠は、公判前整理手続において取調べ請求をし、採用決定を得る必要がある[3]。類型証拠開示請求は不利な証拠を説明する材料を、主張関連証拠開示請求はケース・セオリーを強化する証拠を、それぞれ獲得する有力な方法となる。弁護人は、ケース・セオリーを構築しながら、公判前整理手続を進めていくことになる。そして、公判で取り調べられる証拠は原則として公判前整理手続において決められるから、ケース・セオリーは、公判前整理手続の終了までに構築しなければならない。

3　公判前整理手続については、本書第3章参照。

公判における弁護活動は、構築されたケース・セオリーに沿って行われることになる。冒頭陳述と弁論では、いずれもケース・セオリーの主要な部分を、それぞれの場面に適した方法で、事実認定者に語りかけるべきである。主尋問では、ケース・セオリーを構成する事実を体験した証人に、その事実を語らせるべきである。反対尋問では、ケース・セオリーに反する証言の信用性を減殺し、検察官請求証人も認めざるを得ないケース・セオリーを構成する事実を認めさせるべきである。異議の申立ても、適法な異議理由があり、ケース・セオリーに照らして有害な尋問や証言に対して、これを行うべきである。

II　公判前整理手続に付する請求

1　はじめに
　起訴後の公判準備のあり方は、事件が公判前整理手続に付されるか否かによって、大きく変わり得る。裁判員裁判対象事件については、必要的に公判前整理手続に付される（裁判員法49条）。それ以外の事件については、裁判所が、充実した公判の審理を継続的、計画的かつ迅速に行うため必要があると認めるときに、検察官、被告人若しくは弁護人の請求により又は職権で、公判前整理手続に付すことができるものとされている（刑訴法316条の2第1項）。当事者の請求権は、2016年の刑訴法改正において、「証拠開示制度の拡充」の一環として、付与されたものである。

2　公判前整理手続に付する請求をするか否かの検討
　裁判員裁判対象事件以外の事件において、弁護人は、公判前整理手続に付する請求をするか否かを検討する必要がある。
　公判前整理手続に付する最大の利点は、証拠開示である。証拠開示については、公判前整理手続に付されない場合でも、検察官が任意開示に応じることがあるが、あくまで任意の開示であるから、類型証拠及び主張関連

証拠に該当する防御上重要な証拠が開示される保証はない。また、一般的に、検察官は証拠一覧表の任意交付に応じていないことから、防御上重要な証拠が十分に開示されているか否かを一覧表に照らして確認することもできない。公判前整理手続に付されることによって、義務的に、証拠一覧表が交付され、類型証拠及び主張関連証拠が開示される利点は大きい。

検察官と弁護人が相互に証明予定事実及び予定主張を明示し、公判前整理手続終了後は証拠調べ請求の制限を受けることについては、事案ごとに、依頼者の利益に適うか否かを検討することになる。ただ、特に事実に争いのある事件においては、証拠調べ請求の制限がかかることを前提に、検察官の証明予定事実を明らかにさせることは、防御上の利益が大きいことが多い。

公判前整理手続に付することにより、第1回公判期日の時期は遅くなるのが通常である。証人尋問が行われるまで保釈が許可されないような事案では、結果的に身体拘束の期間が長期化する場合もあることも、考慮する必要がある。

3 公判前整理手続に付する請求の理由

前記のとおり、公判前整理手続に付する請求権は「証拠開示制度の拡充」の一環として付与されたものであるから、その改正の趣旨を踏まえた運用がなされるべきである。他方で、条文上の公判前整理手続に付する決定の要件は、「充実した公判の審理を継続的、計画的かつ迅速に行うため必要がある」ことであるから、弁護人がその請求をするにあたっては、単に証拠開示請求をすることが見込まれるというだけではなく、「充実した公判の審理を継続的、計画的かつ迅速に行うため必要がある」ことを明らかにすべきである。例えば、公訴事実に争いのある事件においては、証拠一覧表の交付を受け、類型証拠及び主張関連証拠の開示を受けて防御の準備をすることが充実した公判の審理を行うために必要であるし、争点及び証拠を整理することが、審理を継続的、計画的かつ迅速に行うために必要とい

うべきであろう。

4 公判前整理手続に付する請求についての意見

裁判所が公判前整理手続に付する決定又は請求を却下する決定をするには、検察官及び被告人又は弁護人の意見を聴かなければならない（刑訴法316条の2第2項）。

検察官が公判前整理手続に付する請求をした場合において、公判前整理手続に付することが依頼者の利益に反すると判断するときは、「充実した公判の審理を継続的、計画的かつ迅速に行うため」の必要性がないことを理由として、異議がある旨の意見を述べるべきことになる。

5 不服申立て

公判前整理手続に付する決定又は請求を却下する決定は、異議申立て（刑訴法309条）の対象にあたらず、決定に対し即時抗告をすることもできない（刑訴法420条1項）。しかし、判決に対し控訴をするにあたっては、訴訟手続の法令違反（刑訴法379条）として、控訴理由となり得る。

III 保釈・勾留取消等

1 はじめに

弁護人は、身体の拘束を受けている依頼者について、その解放に努めなければならない。起訴後に身体拘束からの解放を実現するための有力な手段が、保釈である。保釈が許可されれば、依頼者は、身体拘束によるさまざまな不利益から解放され、本来の社会生活を送ることができることとなる。加えて、弁護人との打合せ、証拠の検討、資料収集等の立証準備、情状立証につながる事実の構築（被害者への対応や生活環境の調整など）等も容易となり、公判の準備という面からも利益が大きい。

司法統計によれば、かつて50％を超えていた保釈率（勾留状を発付さ

れた被告人員数のうち保釈が許可された者の割合)は、2003年に11.7%にまで低下していたが、その後上昇し、2017年には32.7%にまで回復している[4]。弁護人は、軽微な事案ではもちろん、重大事件や公訴事実に争いのある事件についても、積極的に保釈請求を行い、少しでも早い段階での釈放を目指す必要がある。

なお、2016年の刑訴法改正により、裁量保釈の判断に際しての考慮事情が明文化され「裁判所は、保釈された場合に被告人が逃亡し又は罪証を隠滅するおそれの程度のほか、身体の拘束の継続により被告人が受ける健康上、経済上、社会生活上又は防御の準備上の不利益の程度その他の事情を考慮し、適当と認めるときは、職権で保釈を許すことができる。」と規定された(刑訴法90条)。裁判員裁判対象事件を含む権利保釈(刑訴法89条)が認められない事件についても、上記の考慮事情に関わる具体的事実を示すことによって、裁量保釈の許可を得るために最善を尽くすべきである。

なお、上記刑訴法改正にあたり、衆参両院の法務委員会は、「保釈に係る判断に当たっては、被告人が公訴事実を認める旨の供述等をしないこと又は黙秘していることのほか、検察官請求証拠について刑事訴訟法第326条の同意をしないことについて、これらを過度に評価して、不当に不利益な扱いをすることとならないよう留意するなど、本法の趣旨に沿った運用がなされるよう周知に努めること」を求める附帯決議をしている[5]。公訴事実に争いのある事件や、黙秘権を行使している事件においては、こうした立法者の意思に沿った保釈の運用を求めるべきである。

---

4 司法統計平成15年度及び平成29年度における「第15表 令状事件の結果区分及び令状の種類別既済人員 全裁判所及び全高等・地方・簡易裁判所」、同「第16表 勾留・保釈関係の手続及び終局前後別人員 全裁判所及び最高・全高等・地方・簡易裁判所」参照。勾留状を発布された被告人員数及び保釈を許可された人員数は、各裁判所における終局前後(判決前と判決後)の数字を併せたもの。
5 第189回国会衆議院法務委員会35号、第190回国会参議院法務委員会14号。

刑訴法は、「勾留の理由又は勾留の必要性がなくなったとき」（刑訴法87条）及び「勾留による拘禁が不当に長くなったとき」（刑訴法91条）には、勾留を取り消すべきことを定めている。弁護人は、保釈保証金の納付等を条件とするまでもなく釈放を認めるべき場合には、積極的に勾留取消請求を行うべきである。

2　保釈判断における考慮事情
(1)　権利保釈

　刑訴法89条は、同条各号の事由がある場合を除いて必ず保釈を許可するものと定めている（権利保釈）。弁護人も、保釈請求に際しては、この権利保釈の除外事由の有無について検討する必要がある。

　本条1号は「被告人が死刑又は無期若しくは短期一年以上の懲役若しくは禁錮に当たる罪を犯したものであるとき」、本条2号は「被告人が前に死刑又は無期若しくは長期十年を超える懲役若しくは禁錮に当たる罪につき有罪の宣告を受けたことがあるとき」、本条6号は「被告人の氏名又は住居が分からないとき」を除外事由として定めている。これらの除外事由の有無は、比較的形式的に判断され得る。

　裁判所が保釈請求を却下する場合、ほぼすべての事案で認める判断をしているのが、本条4号の「被告人が罪証を隠滅すると疑うに足りる相当な理由があるとき」である。現行刑訴法の立法者は、「だれが見てもその資料に基づけば大体罪証を隠滅すると認められる場合」を想定していたが[6]、実務上は具体的な根拠がなくても同号該当性が認められる傾向にあり、当該事件においては罪証隠滅の可能性を否定する事情のあることを説得的に主張・疎明することが、極めて重要である。

　本条3号は、「被告人が常習として長期三年以上の懲役又は禁錮に当たる罪を犯したものであるとき」を除外事由として定めている。「常習として」

6　第2回国会衆議院司法委員会議事録40号9頁。

とは、勾留の基礎となる現に起訴されている罪についての常習性が認められる場合を指すが、起訴された罪について「常習性」が構成要件となっている場合に限る必要はないと解されている。また、被告人に前科があることも不可欠ではなく、諸般の事情から、当該罪が常習として行われたと認められれば、本号に該当すると解されていることに注意が必要である[7]。

本条5号は「被告人が、被害者その他事件の審判に必要な知識を有すると認められる者若しくはその親族の身体若しくは財産に害を加え又はこれらの者を畏怖させる行為をすると疑うに足りる相当な理由があるとき」を除外事由として定めている。「事件の審判に必要な知識を有すると認められる者」は、主として証人（情状証人を含む）がこれにあたると解されていることから、実際には、人証に関する罪証隠滅の可能性の有無について、本条4号に該当する事由の有無と併せて検討されることが通例である。

(2) 裁量保釈

刑訴法90条は、同条記載の事情を考慮して、裁判所が「適当と認めるとき」に職権で保釈を許可することができると定めている。弁護人は、権利保釈の除外事由に該当する事情がある場合又は裁判所（裁判官）が除外事由を認める可能性を否定できない場合には、保釈請求に際し、裁量保釈が適当である事情について主張する必要がある。

2016年改正前の刑訴法90条は、「裁判所は、適当と認めるときは、職権で保釈を許可することができる。」とだけ規定し、裁量保釈に際して具体的にどのような事情を考慮すべきかは解釈に委ねられていた。改正後の刑訴法90条は「裁判所は、保釈された場合に被告人が逃亡し又は罪証を隠滅するおそれの程度のほか、身体の拘束の継続により被告人が受ける健康上、経済上、社会生活上又は防御の準備上の不利益の程度その他の事情を考慮し、適当と認めるときは、職権で保釈を許すことができる。」と規

7　松尾浩也監修『条解刑事訴訟法（第4版増補版）』（弘文堂、2016年）188頁。

定しており、裁量保釈の判断に際しての考慮事情が明文化された。

裁量保釈を求める際は、上記の考慮事情に関わる事実について、できる限り具体的に主張し、これを裏付ける資料を裁判所に提出することが重要である。

ア 「逃亡し又は罪証を隠滅するおそれ」

最決平成26年11月18日刑集68巻9号1020頁及び最決平成27年4月15日判タ1414号152頁は、いずれも、保釈を許可した原々決定を取り消して保釈決定を却下した原決定に違法があると判断して取り消したものであるが、「罪証隠滅のおそれ」について、「実効性のある罪証隠滅行為に及ぶ現実的可能性」ないし「証拠隠滅行為の可能性、実効性の程度」を考慮して保釈を許可した判断が支持されている。弁護人は、検察官の主張や証拠構造を予測するなどして、被告人が隠滅行為に及ぶ現実的具体的可能性や実効性がないこと（客観的可能性がないこと）、罪証隠滅に及ぶ意図がないこと（主観的可能性がないこと）等を説得的に主張、疎明していくことが必要になる。多くの事案において、罪証隠滅のおそれの程度が重視されることを意識し、検察官の意見（刑訴法92条）の内容を把握して、適切な反論・反証もすべきである。

「逃亡のおそれ」についても、身柄引受人の存在やその監督意思・能力を示す事情を明らかにし、被告人自身にとっても逃亡を図る合理性はなく、その意思もないことを具体的に主張、疎明していくべきである[8]。

イ 健康上、経済上、社会生活上の不利益等

健康上の不利益に関する事情としては、例えば、被告人に持病があると

---

8 逃亡については、そのおそれが権利保釈の除外事由とされておらず、一般的には保釈保証金の納付によって予防されると期待されていることが留意されるべきである。

いう場合や、長期間の身体拘束が原因で心身の健康状態が悪化している場合が考えられる。

　経済上の不利益や社会生活上の不利益に関する事情としては、被告人が解雇される可能性、自営業者である被告人が自ら取引先等との連絡交渉を行わなければ事業上重大な問題が発生する可能性、学生である被告人が退学処分を受ける可能性等が考えられる。

　弁護人は、健康上の不利益を疎明する資料（医師の診断書、カルテや医療機関のウェブサイト）や、経済上、社会生活上の不利益を疎明する資料（勤務先の就業規則や、上司や従業員の陳述書）により、不利益の内容を具体的に疎明すべきである。

ウ　防御の準備上の不利益

　被告人が防御の準備を行う上で、検察官請求証拠はもちろん、それ以外の開示証拠についても十分な検討を行うことが不可欠である。特に、近時の刑事裁判では、防犯カメラの映像、電子メールやSNSのデータ、取調べ状況を録音・録画した記録媒体など、勾留されている被告人が差入れを受けることによっては検討することができない証拠資料も多くある。また、被告人が弁護人とともに事件現場の調査をすることが必要となることもある。このような被告人の防御の準備という観点からみれば、時間的・場所的な制約の大きい拘置所等での身体拘束を継続することは、それ自体が、大きな不利益であることは間違いない。特に、公訴事実に争いのある事件については、その弊害は著しいといえる。

　また、量刑のみが争点となる事件であっても、身体拘束が継続することによって、被害弁償金の準備や、事件の原因となった依存症等の治療など、重要な情状事実の立証につながる取組みを行う機会が得られないという意味で、防御の準備上の不利益が存在するということができる。

エ その他の事情

上記に列挙された事情以外の「その他の事情」についても考慮できることとされている。例えば、被告人の釈放が被告人の親族（扶養する同居家族など）の生活にとって必要不可欠であるといった事情も、裁量保釈を認める方向の事情として考慮する余地があると考えられる。

オ 公判前整理手続に付されている事件

裁判員裁判対象事件をはじめとする重大な事件については、起訴直後の保釈請求が許可されるケースは多くないのが実情であるが、手続の進捗を踏まえて、２回目、３回目の保釈請求を粘り強く行っていくことで、保釈が許可されることも珍しくはない。

公判前整理手続に付されていない事件の場合には、公判で実施した証拠調べの進捗に応じて（例えば、検察官証人の証人尋問が終了した段階、被告人質問が終了した段階など）、保釈請求を行うことが多い。これに対し、公判前整理手続に付された事件の場合、実際の証拠調べの実施は同手続終了後となるが、同手続における争点や証拠の整理に関する進捗状況に応じた、適時の保釈請求を行うことを検討すべきである。保釈請求書にも当該事件の争点や証拠の整理に関する進捗状況を記載し、保釈の判断を行う裁判官と適宜共有することによって、裁量保釈が適当である程度に整理手続が進んでいると理解させることが重要である。裁判所は、「争点が絞り込まれていくに従い、当事者が立証しないこととした事実や争いのない事実は罪証隠滅の対象から外れていくし、被告人が予定主張の内容に沿わない罪証隠滅行為に及ぶ主観的可能性は想定されにくくなる」という考え方をしている[9]。そこで、予定主張記載書面を提出して争点が明確にされていることや、検察官請求証拠に対する証拠意見がすべて提出されており証人候補者が特定されていることなどを、保釈請求書に記載することが考えられる。

3　保釈の手続
(1)　保釈請求書の提出及びその準備

　現行刑訴法上、保釈請求は、起訴後のみ行うことができる（刑訴法88条1項、207条1項但書）。保釈請求は、第1回公判期日までは、起訴された事件が係属する裁判所ではなく、裁判官に対して行う（刑訴法280条1項）。「第1回の公判期日まで」とは、冒頭手続の終了までを指すと解されていることから、形式的に期日を開いても、例えば、被告事件についての陳述を留保した場合には、未だ「第1回の公判期日」前と解される。また、追起訴がなされているケースでは、事件毎に「第1回の公判期日」の前と後に分かれているという場合もあることから、保釈請求に際しては留意すべきである。

　なお、実務上、保釈許可に際しては、身柄引受人の存在が求められることが通例であることから、保釈請求に先立ち、弁護人が適当な身柄引受人を確保しておく必要がある。一般的には、被告人と同居する親族が身柄引受人となることが多いが、同居する知人や住み込みの勤務先における雇用主等が身柄引受人になる場合もある。身柄引受人の存在を疎明する資料としては、身柄引受書を作成することが一般的だが、被告人との関係性が明らかでない場合には、身柄引受人を引き受けた経緯や監督意思等について記載した陳述書等を別途作成することもある。

　また、保釈が許可された場合にも、保釈保証金の納付又は保釈保証書の差出しがなければその執行を行うことはできないため（刑訴法94条）、保釈請求に先立ち、保釈保証金等を準備するのが一般的である。少なくとも、どのようにして保釈保証金等を確保するのかについて、依頼者又は親族等

9　伊丹俊彦＝合田悦三編『逐条実務刑事訴訟法』（立花書房、2018年）172頁。被告人は無罪と推定されるべきであるにもかかわらず、広範に罪証を隠滅するおそれのある存在であることを出発点とし、検察官の主張が全面的に誤っていることから全面的に争っている被告人を不利益に取り扱う考え方には、問題がある。

と十分に協議した上で、保釈請求を行うことが望ましい。依頼者や親族等において保釈保証金を工面することが難しい場合には、保釈保証金の立替えを行っている機関や、保釈保証書の発行事業の利用を検討することになるが、各機関の審査や契約等の手続の流れを確認し、スケジュールを事前に確認しておくべきである。

(2) 検察官意見の閲覧・謄写

保釈請求に対する検察官の意見書は、閲覧・謄写することができる（最決平成28年10月25日集刑320号463頁）。検察官の意見書は、閲覧・謄写し、その内容を確認するべきである。事案によっては、検察官は裁判官からの指摘に対応して独自の疎明資料を出していることもある。また、検察官の回答に対する反論が必要な場合には、保釈請求に対する決定がなされる前に追加の意見書や疎明資料等を提出することも検討すべきである。なお、仮に保釈が認められなかった場合でも、検察官の意見を確認しておくことにより、次回以降の保釈請求に際して、検察官の回答を想定した準備ができるという利点もある。

(3) 保釈許可決定後

保釈を許可する決定がなされ、保釈保証金の納付又はこれに代わる保釈保証書の差出しが完了すると、概ね数時間後には保釈が執行され、被告人は釈放されることが通例である。保釈許可決定書には、保釈の指定条件が記載されていることから、依頼者に対し条件の内容や遵守しなかった場合のリスク等について、十分に説明しておくべきである。被告人が公判期日に出頭しない場合や指定条件に違反した場合には、検察官の請求又は職権で保釈を取り消すことができるとされている（刑訴法96条1項）。さらに、保釈を取り消す場合には、裁判所の裁量で、保釈保証金の全部または一部を没取することができるとされている（同法2項）。保釈期間中に制限住居の変更や宿泊を伴う旅行等の必要が生じた場合には、弁護人から申立書

を裁判所に提出して、許可を求めなければならない。

　なお、保釈の許可決定に対しては、検察官は、第1回公判期日前であれば準抗告（刑訴法429条1項2号、280条）、第1回公判期日後であれば抗告（刑訴法419条、420条）を行うことができる。検察官は、準抗告（抗告）の申立てに際して、保釈の執行停止を併せて求め（刑訴法432条、424条）、これは認められることが通例であるため、準抗告審（抗告審）の結果が出るまでは釈放されないこととなる。仮に、検察官の準抗告（抗告）が認められ、保釈許可決定が取り消された場合、弁護人は、特別抗告を申し立てることができる（刑訴法433条）。特別抗告の理由は①憲法違反（刑訴法433条1項、405条1号）、②判例違反（同法433条1項、405条2号・3号）に限られているが、事実誤認、法令違反については、職権破棄を求めることになる（刑訴法411条準用。最決昭和26年4月13日刑集5巻5号902頁）。

　特別抗告の申立て期間は5日間であり（刑訴法433条2項）、保釈許可取消決定書が送達された日の翌日から起算される（同法414条、358条、刑訴規34条本文）。決定書は弁護人及び被告人に送達されるところ、弁護人より先に被告人に送達された場合には、起算日は被告人への送達のあった日の翌日となるので、注意が必要である。被告人への送達日は、書記官に連絡すれば確認することができる。特別抗告の宛先は最高裁判所であるが（刑訴法433条1項）、申立書は原裁判所に提出する。

(4)　保釈請求却下決定後

　保釈請求を却下する決定に対して、弁護人は、第1回公判期日前であれば準抗告（刑訴法429条1項2号、280条）、第1回公判期日後であれば抗告（刑訴法419条、420条）を行うことができる。また、準抗告又は抗告を棄却する裁判に対しては、特別抗告を申し立てることができる（刑訴法433条）。

　保釈請求の回数を制限する規定は存在しないことから、保釈請求が却下

され、不服申立ても認められなかった場合であっても、公判又は公判前整理手続の進捗、勾留の必要性に関する事情変更等に応じて、何度も保釈請求を行うべきである。

4　勾留取消しに関する弁護活動

刑訴法87条は「勾留の理由又は勾留の必要性がなくなったとき」には、勾留取消請求を行うことができることを定める。起訴後、刑訴法60条1項各号に該当する事情が消滅したことや、被告人の身体を拘束する必要性が減少する一方で拘束によって被る不利益が大きくなっているといった事情を主張し、勾留取消請求を行うことを検討すべきである。

また、刑訴法91条は「勾留による拘禁が不当に長くなったとき」についても、勾留を取消すべきことを定めている。「不当に長い」とは「単なる時間的観念ではなく、事案の性質・態様、審判の難易、被告人の健康状態その他諸般の状況から、総合的に判断される相対的観念であると解されている（名古屋高決昭和34年4月30日高集12巻4号456頁）。弁護人は、経済的な理由で保釈保証金の納付等ができないような場合には、積極的に勾留取消請求を行うべきである[10]。

5　接見等禁止に対する弁護活動

起訴後においては、公訴提起を行うに足りる程度の捜査が終了している以上、勾留だけでは防止できないほどの具体的な「罪証を隠滅すると疑うに足りる相当な理由」（刑訴法81条）は、一般的には認め難いはずである。

---

[10] 河上和雄ら編『大コンメンタール刑事訴訟法（第2版）第2巻』（青林書院、2010年）181頁には、「現実問題として、勾留期間の長短の程度によって、勾留の取消は不要だが、保釈は必要などと具体的に判断することは困難であると思われ、そうだとすると、請求者側の意思や財産状態からみて、保釈金を納付することができないと判断されるときは勾留を取り消すという扱いが相当ではないかと思われる。」との解説がなされている。

弁護人は、接見等禁止決定の取消しや一部解除を求めることを忘れてはならない[11]。最決平成31年3月13日は、終期を「第1回公判期日が終了する日までの間」と定めた接見等禁止決定について、「公判前整理手続における争点及び証拠の整理等により、罪証隠滅の対象や具体的なおそれの有無、程度が変動し得るにもかかわらず、接見等禁止を長期間にわたり継続させかねないものである」と指摘している。

IV 弁護人の調査活動

1 はじめに

目標とする判決を実現するためには、公判準備として、検察官の開示証拠を検討するだけではなく、弁護人自身が積極的に調査活動を行っていくべきである。

2 共犯者との接触

共犯事件において、共犯者と接触する必要性がある場合は少なくない。自白事件の場合に、被害者との示談交渉のために連絡する必要があることもあれば、否認事件の場合に、証人尋問準備のために接触する必要があることもある。

弁護人は依頼者の権利及び利益を擁護するため最善の弁護活動に努める義務を負っており（弁護士職務基本規程46条）、共犯者と接触する必要のあるときに、萎縮すべきではない。一方で、罪証隠滅行為をはじめとする違法行為に加担しないようにし、また、疑われた場合に自分の身を守る方策を講じることも重要である。

具体的には、身体拘束されている共犯者と面会をする場合において、「弁護人になろうとする者」ではないにもかかわらず、「弁護人になろうとす

---

11 本書第1章IV 5参照。

る者」として接見をすることは、すべきではない。共犯関係にある時点で潜在的に利益相反の関係にあるから、「弁護人になろうとする」前提に欠けることが多いはずである。したがって、身体拘束されている共犯者と面会する際には、いわゆる一般面会で接見すべきである。共犯者に接見等禁止決定が付されている場合には、裁判所に接見等禁止決定の一部解除を求め、面会をすることとなる。その際、面会の具体的な日時を指定した上で一部解除を求めれば、60分程度の面会を認められる例が報告されている。

　共犯者とともに示談交渉を行う場合には、共犯者自身ではなく、共犯者の弁護人と連絡をとる必要がある場合が多い。共犯者の弁護人を知る方法は、共犯者が国選弁護人の場合には、裁判所で確認できることもある。また、検察官に知られても差し支えのない場合には、検察官に確認する方法もある。

　また、共犯者の所在を知る方法として、共犯者が受刑中の場合には、法務省矯正局に対する弁護士法23条照会によって、収容場所を知る方法もある。

　否認事件の場合はもちろんのこと、公訴事実に争いがない事件であっても、共犯者の証人尋問が行われる場合、その結果が訴訟の帰趨に影響を与えることは少なくない。共犯者の証人尋問が行われる場合は、可能な限り、事前に接触することが重要である。証人予定者と弁護人が事前に接触することは、刑事訴訟法299条が予定していることである。事前に接触すること自体を躊躇すべきではない。供述調書の記載からは、依頼者に対して対立的と思われる場合でも、直接会ってみるとそうではないこともある。その証人が質問に対してどのような受け答えをするかなど、調書の記載ではなく直接のやりとりをすることによって反対尋問に役立つ情報を得ることは多い。ただし、一般面会で共犯者と接触する以上、その会話を拘置所や刑務所の職員が記録し、検察官に伝わる可能性があることに留意する必要がある。

3　被害者との接触

　被害者の証人尋問が行われる場合、被害者と接触することが可能なのであれば、事前に接触すべきである。

　依頼者が被害者の連絡先を知っている場合は、直接連絡を取ればよく、必ずしも事前に検察官に了解を得る必要はない。その際、相手の置かれた心情に配慮し、丁寧な対応をする必要があることは当然である。被害者の連絡先がわからない場合には、検察官から連絡先を聞くなどして連絡をとることとなる。しかし、相手が接触することを拒否している場合は、接触することを諦めざるを得ない。いずれの場合も、接触するのであれば、後々脅迫をされたなどの誹りを受けないように、そのやりとりを録音することも検討すべきである。

　被害者についても、供述調書の記載と実際の話の内容に齟齬があることは珍しいことではない。また記憶の程度を事前に確認することも有用である。効果的な反対尋問をするためには、事前に接触することを躊躇すべきではない。

4　専門家に対する証人尋問の準備

　責任能力を争う事件や、死因に争いがある事件などでは、専門家の証人尋問が裁判の帰趨に決定的な影響を与えることがある。このような事件において検察官請求の専門家に対し効果的な反対尋問をするためには、事前に証人に接触するとともに、別の専門家に相談をすることが有効である。

　専門家証人については、多くの場合はその勤務先を把握することができ、弁護人自ら連絡を取ることが可能である。証人尋問をするにあたって、可能な限り事前に接触するべきであり、検察官に了解を得る必要はない。ただし、証人によっては「弁護人と面会するかどうかについて検察官に意見を聞く」であるとか、「検察官も同席ならば面会に応じる」という対応を取られることもある。法的には検察官の了解を得る必要も、検察官の同席を求める必要もないが、最終的には証人の意向に従う他ない。事前に接触

できた場合、証人の考えの道筋など、鑑定書や意見書の記載からは読み取れない部分について事情聴取をすることになる。その際に、こちらの反対尋問の内容をどれだけ伝えるかはケースバイケースであるが、その意図を事前に察知されれば、あらかじめフォローされる危険は大きい。

専門家証人に尋問をする際には、弁護人もその分野について専門家と議論できる程度の知識を身につける必要があるが、専門家に太刀打ちすることは容易ではない。そのような場合に有効なのは、別の専門家の助力を得ることである。その専門家を弁護側証人として請求するかどうかは別の問題としても、検察官請求の専門家証人の意見のどこに弱点があるのか相談することは極めて有用である。

5　現場調査

現場がある事件においては、一にも二にも現場に行くことが重要である。検察官から開示される証拠にも現場写真や実況見分調書などがあり、そこから現場の状況はある程度窺い知ることができる。しかしその情報量は実際に現場に行くのとは比較にならない。まさに百聞は一見にしかずである。

そして現場に行けば、捜査機関が押さえていない防犯カメラの存在などに気づくことも珍しいことではない。その場合、必要に応じて防犯カメラ映像の証拠保全請求（刑訴法179条）をすることも検討すべきである。また、現場で聞き込み調査を行ったり、現場で再現をしたりすることによって、検察官からの開示証拠を検討するだけでは得られない有益な情報を得られることもよくある。

6　インターネットの情報収集

昨今、多くの事件関係者はスマートフォンを持ち、LINEをはじめとするSNS（ソーシャルネットワーキングサービス）や電子メールを利用してやりとりをしていることが多い。その情報量は膨大なものであり、証拠としての価値が高いものも多数ある。また、FacebookやTwitterなどの

アカウントを取得し、情報発信をしている人も少なくない。

　これらのデジタル証拠を有効利用することは、効果的な弁護活動を行う上で必要不可欠である。依頼者が Gmail や Yahoo! メールといったクラウド型のメールサービスを利用している場合、スマートフォンやパソコン本体が押収されている場合でも、弁護人のパソコンから依頼者の ID とパスワードを入力し、その情報にアクセスすることができる。依頼者の同意を得て依頼者の情報にアクセスすることは正当な弁護活動であり、必要なときに躊躇する理由はない。一方、証拠の消去や改変は、過失であったとしても絶対に行わないようにしなければならない。デジタル機器の操作は慎重にし、証拠の形状に変化を加えないようにする必要がある。捜査官が依頼者に対して Gmail などのアカウントの ID とパスワードを知らせるよう求めることは多い。依頼者は黙秘権を有することから、それらの情報を提供する義務はない。そのようなときに、弁護人が依頼者の同意を得てアクセスし、調査をすることは当然適法であるが、後に罪証隠滅の疑いをかけられたり、証拠の信用性に疑義が生じたりしないようにするため、ビデオ撮影するなど、調査状況を保全することも検討すべきである。

7　弁護士法 23 条照会

　弁護人の証拠収集手段として有効なのが、弁護士法 23 条の 2 に基づく照会請求である。同条第 1 項は「弁護士は、受任している事件について、所属弁護士会に対し、公務所又は公私の団体に照会して必要な事項の報告を求めることを申し出ることができる。申出があつた場合において、当該弁護士会は、その申出が適当でないと認めるときは、これを拒絶することができる。」と定め、同条第 2 項は「弁護士会は、前項の規定による申出に基き、公務所又は公私の団体に照会して必要な事項の報告を求めることができる。」と定めている。そして、23 条照会を受けた公務所又は公私の団体は、正当な理由がない限り、照会された事項について報告をすべきものと解されていることから（最判平成 28 年 10 月 18 日民集 70 巻 7 号

1725頁)、弁護人が事実上の照会をする場合よりも、回答を得られやすいということができる。

なお、弁護士会によっては、国選事件の場合には、照会費用を減免する取扱いをしている。

8 証拠保全請求

被告人、被疑者又は弁護人は、あらかじめ証拠を保全しておかなければその証拠を使用することが困難な事情があるときは、第1回の公判期日前に限り、裁判官に押収、捜索、検証、証人の尋問又は鑑定の処分を請求することができる（刑訴法179条）。証拠物や証拠書類が滅失、改ざん又は隠匿等されるおそれのあるときは、押収の処分を請求することになる。人証について死亡、海外渡航や供述変更のおそれがあるときは、証人尋問を請求することを検討すべきである。

なお、最決平成17年11月25日刑集59巻9号1831頁は、捜査機関が収集し保管している証拠は、特段の事情が存しない限り、証拠保全手続の対象にならないとしている。例えば、捜査機関によって証拠の改ざんや隠匿等が行われるおそれの認められるときは、「特段の事情」があるというべきであろう。

V その他の公判準備

1 起訴状の確認

起訴された場合には、直ちに起訴状を入手し、罪名や公訴事実を確認する必要がある。被疑者段階と異なる罪名で起訴されることもあるし、罪名は同じでも公訴事実が被疑事実と異なっていること（犯行日時が特定されていること、暴行等の態様が変わっていること）もある。なお、国選弁護人の場合には、係属部から起訴状の写しが交付されることが通例であるが、私選弁護人の場合には交付を行わない運用も見られる。その場合には、謄

写をするか、依頼者に送達された起訴状を宅下げすることになる。

2 追起訴・再逮捕の確認及び起訴後の取調べへの対応

起訴後、弁護人は速やかに担当検察官に連絡し、追起訴予定の有無等について確認する必要がある。特に、起訴前段階の捜査状況や依頼者の説明内容等から、余罪が存在する可能性がある場合には、起訴後の接見を通じて、起訴後取調べが実施されていないか確認し、必要な助言を行う必要がある。起訴後勾留中の取調べは、あくまで任意の取調べと位置づけられる。依頼者に対しても、起訴後の取調べについて応じる義務はなく、取調べ室に移動することを含めて拒否してよいことを説明しておくべきである。また、起訴後の取調べでは、録音・録画が実施されない可能性があることにも留意する必要がある。

余罪の捜査及び取調べは、先行事件の処分決定後又は先行事件を処分保留とした上で、余罪について（再）逮捕・勾留を行って実施する場合も多い。その場合の取調べは、当該余罪事件の被疑者取調べとして行われることになる。

余罪の捜査のために再逮捕を行うかどうかは、事案の軽重や余罪に関する認否及び証拠の収集状況等によって個別に判断されているとみられる。勾留満期前後の適宜の時期に、検察官に問い合わせることも検討すべきである。

3 主任弁護人の指定

弁護人が複数選任されている場合、起訴後は、主任弁護人を指定しなければならない（刑訴法33条、刑訴規19条以下）。主任弁護人の指定の方式としては、被告人が単独で指定する方法又は弁護人全員の合意により指定する方法がある（刑訴規19条2項）。主任弁護人の指定又は変更を行う場合には、書面を裁判所に提出するのが原則である（刑訴規20条本文）。

刑訴規25条は、「主任弁護人及び副主任弁護人[12]は、弁護人に対する通

知又は書類の送達について他の弁護人を代表する」ものと定め（1項）、「主任弁護人及び副主任弁護人以外の弁護人は、裁判長又は裁判官の許可及び主任弁護人又は副主任弁護人の同意がなければ、申立、請求、質問、尋問又は陳述をすることができない」（2項本文）としている。

4 検察官請求証拠の閲覧・謄写及び任意証拠開示の申入れ

検察官は、取調べを請求する証拠書類及び証拠物について、被告人又は弁護人に対し、公訴の提起後なるべくすみやかに閲覧の機会を与えなければならないものとされている（刑訴法299条1項、刑訴規178条の6第1項1号）。したがって、すみやかに、それら検察官請求証拠の閲覧・謄写をすべきである。

捜査機関は、検察官が証拠請求するものの他にも、膨大な証拠を収集し、保管している。弁護人は、公判準備として、それらの証拠の開示を受けることが必要である。公判前整理手続に付された場合には、法定の要件を満たす証拠開示請求に対しては検察官の開示が義務付けられている。これに対し、公判前整理手続に付されていない事件における証拠開示は、「任意証拠開示」と呼ばれることが多い[13]。この点、公判前整理手続が実務に定着してきたことに伴い、同手続に付されれば、類型証拠として当然に開示されることが予想されるような証拠（鑑定書、実況見分調書、検察官が供述調書を請求した供述者の他の供述調書、被告人の供述調書等）については、比較的柔軟に開示に応じる検察官が増えている。もっとも、あくまで

---

12 刑訴規23条は、「裁判長は、主任弁護人に事故がある場合には、他の弁護人のうち一人を副主任弁護人に指定することができる。」（1項）、「主任弁護人があらかじめ裁判所に副主任弁護人となるべき者を届け出た場合には、その者を副主任弁護人に指定しなければならない。」（2項）と定めている。

13 公判前整理手続に付されている事件で、法定の証拠開示請求を行った場合、検察官が法定の開示要件を満たしていないと解釈した証拠について、「任意証拠開示」と称して開示に応じる場合も多い。

任意証拠開示であることから、防御上重要な証拠のすべてが開示されていることを確認することは困難であるうえ、公判前整理手続に付された事件と異なり、証拠一覧表（刑訴法316条の14第2項）の交付も受けられない。したがって、十分な証拠開示を受ける必要性が高い事件については、公判前整理手続に付する請求を検討すべきである。

5 進行に関する問合せ及び打合せ期日

　第1回公判期日が指定されると、書記官を通じて、公訴事実に対する認否、検察官請求証拠についての意見の見込み、弁護側請求証拠の取調べ時間の見込み等につて、期日の1週間前を目途に明らかにするよう、連絡のあることが通例である（刑訴規199条の14）[14]。

　また、事案によっては、検察官及び弁護人が裁判所に出頭して行う打合せ期日（刑訴規178条の15）が実施されることもある。この打合せ期日は、公判前整理手続に付されていない事件でも、「訴訟の進行に必要な事項」として、証拠の開示方法や争点整理の方法等について協議するために用いられることがある。

　なお、公判前整理手続に付された事件についても、打合せ期日が設けられることが通例である[15]。裁判体によっては、打合せ期日において実質的な争点整理や審理予定の策定を行っている場合もある。

　打合せ期日は、裁判所の打合せ室等で行われることもあり、法廷で行われる公判前整理手続期日と比較して、率直な話し合いが行いやすいという面はあるが、裁判官に事件についての予断を生じさせることのないよう留意する必要がある（刑訴規178条の15但書）。打合せ期日については調書が作成されるとは限らないので、検察官や裁判所の発言内容等を記録する

　14　「事前準備連絡メモ」等の書類を書記官が弁護人にファックスで送付し、同書類に回答するよう求める方法での問い合わせがなされることが多い。
　15　本書第3章Ⅰ3参照。

必要があるときは、打合せ調書を作成し、記載することを求めるべきである。逆に、弁護人の発言が記録に残り得ることにも、留意が必要である。

打合せ期日は、公判前整理手続期日と異なり、身体拘束中の被告人の出頭が認められないことが通例である。公判前整理手続に付されている事件において、依頼者が出頭を希望し、又は弁護人が依頼者の出頭を必要と判断する場合には、公判前整理手続期日の実施を求めることになるだろう。

6 弁論の分離・併合
(1) 問題の所在[16]

刑訴法 313 条 1 項は、「裁判所は、適当と認めるときは、検察官、被告人若しくは弁護人の請求により又は職権で、決定を以て、弁論を分離し若しくは併合し、又は終結した弁論を再開することができる。」と定めている。

被告人が複数の事件について起訴される場合、併合して審理すべきかどうかが問題となる（客観的併合の問題）。

これに対し、検察官が 1 通の起訴状で数名の共犯者を起訴したような場合には、共犯者と併合審理を受けるか、分離を求めるかが問題となる（主観的併合の問題）。実務上、裁判員裁判対象事件でも、1 通の起訴状で数名の共犯者が同時に起訴されることが多く、その場合は、公判前整理手続において、併合審理すべきか、分離すべきかについても検討される。

(2) 客観的併合

複数の裁判で別々に判決がでる場合と比べ、併合した上で判決される場合、刑は軽くなる傾向がある（「併合の利益」と呼ばれる）。したがって、

---

[16] 本問題に関する論考として、島田一「裁判員対象事件における事件の併合・分離と区分審理」松尾浩也／岩瀬徹編『実例刑事訴訟法Ⅱ』（青林書院、2012 年）129 頁、坪井祐子・小野寺健太「併合事件における審理計画・審理のあり方」判タ 1425 号 5 頁（2016 年）等がある。

併合されることは、量刑の面では被告人に利益であるといえる。

　裁判員裁判対象事件と非対象事件が併合される場合においても、併合の利益があり、基本的には、併合審理されることとなる。しかし、非対象事件が複雑で長期間の審理を要する場合、併合審理することにより、職務従事期間が延びてしまい、裁判員の負担が重くなるという問題がある。また、公訴事実を認めている事件とこれを否認している事件の手口等が類似していると検察官が主張する事件では、併合審理することにより、他事件（否認事件）への予断が生じるおそれもある。そのような場合には、併合せずに審理を行うか、併合した上で区分審理を行うこととなる[17]。

　併合せず、別々の判決が言い渡される場合、弁護人は、後の事件が量刑のみが問題となる事件であれば、先行事件の判決結果を証拠請求した上で、量刑判断における併合の利益を考慮すべきだと主張することになる。

(3)　主観的併合

　主観的併合は、訴訟経済及び事実の合一確定が可能で、共犯者間の量刑の均衡が図れる等のメリットがあるとされる。裁判員裁判に関する主観的併合については、論点や証拠関係が共通で、被告人ごとに判断することが容易な事案でなければ、原則として併合すべきでないとする見解が有力であったが、現在の裁判所では、以前よりも主観的併合について積極的な裁判官が多い。主観的併合のメリットは、事実の合一確定、量刑の均衡、訴訟経済等とされる。他方、主観的併合をした場合、言い分や証拠意見が異なる中で審理をすることになり、裁判員への負担があるとされる。検察官から、多数回同様の証人尋問を受ける証人の負担軽減の観点からも併合すべきだとの意見が述べられることがある。

　これに対し、弁護人の立場から見た場合、主観的併合がなされた場合のデメリットは少なくない。共犯者間で、主張が異なる場合（公訴事実レベ

　17　区分審理決定については、本書第3章Ⅶ参照。

ルの争いの有無だけでなく、役割分担等の量刑事情について争いがある場合もある）、共犯者間で争いが生じるため、検察官に加えて共犯者の弁護人からの攻撃にもさらされることになる。自らの依頼者に不利な事実を被告人質問で供述した共犯者も当該事件の被告人である以上、黙秘権があり、反対尋問を行うこともできないことがある。また、同意・不同意等の証拠意見が共犯者間において異なる場合、裁判員が特定の証拠は特定の被告人にとってのみ証拠になる旨を正しく理解し、混乱せずに審理・評議に臨むことは難しいと思われる。

　主観的併合が依頼者に有利でないと判断される場合、弁護人は、弁論の分離を請求すべきである。刑訴法313条2項は、「裁判所は、被告人の権利を保護するため必要があるときは、裁判所の規則の定めるところにより、決定を以て弁論を分離しなければならない。」と定めており、刑訴規210条は、これを受けて、「裁判所は、被告人の防禦が互に相反する等の事由があつて被告人の権利を保護するため必要があると認めるときは、検察官、被告人若しくは弁護人の請求により又は職権で、決定を以て、弁論を分離しなければならない。」と定めている。したがって、弁論の分離を請求するにあたっては、被告人の防御が互いに相反する等の事情があることを示すべきである。

　主観的併合がされていない場合に、他の共犯者の判決結果が検察官から証拠請求されることがある（弁護人から証拠請求したいと考える場合もあり得る）。しかし、主張及び証拠関係が異なる共犯者の裁判結果について誤解なく量刑資料とすることができるかという問題もあり、安易に証拠とすべきではない。

7　公判期日の進行に関する確認
(1)　被告人の着席位置・解錠の時機・服装等

　被告人の着席位置は原則として弁護人の隣とされるべきである。裁判員裁判においては、身体拘束中の被告人であっても、弁護人の隣への着席を

認める運用が定着している。また、開錠の時機については、裁判員の予断を生じさせない様に、裁判員の入廷前に行う（施錠は退廷後に行う）という運用が定着している。弁護人は、上記の運用に従った着席位置や解錠時機等について希望する旨を、あらかじめ裁判所に伝えておくべきである。

　さらに、自殺及び逃亡防止という理由から、勾留中の被告人につき着用が認められていなかったネクタイや革靴等についても、一定の仕様（脱着式のネクタイや革靴に見える外観のサンダル等）の物については、法廷での着用が認められることが通例である。上記仕様のネクタイやサンダルについては、貸与が可能な拘置所もある。また、シャツやスーツ等の法廷に相応しい着衣については、親族又は弁護人において、事前に差入れて準備しておくべきである。

(2)　公判で配布・利用する資料・機材等について

　冒頭陳述、最終弁論や証人尋問においては、資料や機材（プレゼンテーションソフト、パネル、模型等）を積極的に活用すべきである。その場合、各資料や機材の使用の有無や時機等を裁判所にも伝えておくことで、円滑に実施することができる。必要があれば、期日の前や休廷中に、法廷のIT機器と自身のPC等との互換性の確認や、大きな機材（パネルやマネキン等）の公判中の保管場所等についても、書記官と確認しておくとよい。

(3)　法廷通訳人・通訳言語に関すること

　外国人など日本語に通じない者が被告人となった場合には、起訴後、法廷通訳人が裁判所により選任される。弁護人は、できるだけ早期に法廷通訳人に被告人との接見に同行してもらい、適切な通訳が実施できるかを確認すべきである。仮に、選任された法廷通訳人によっては適切な通訳や弁護活動を行うことが困難であると判明した場合には、裁判所に対して、法廷通訳人の解任（他の法廷通訳人への交代）を申し入れることも検討すべきである。なお、被告人の生活歴や母国の言語事情等の理由から、被告人

が理解できる言語が複数存在するというケースは珍しくない。その様なケースでは、予定される証拠調べの内容等も踏まえて、公判で用いるのに最適な通訳言語が何かを、事前に裁判所と十分に確認し、必要があれば通訳言語の変更の申入れを検討すべきである[18]。

◆ Column
量刑事件

1　量刑事件のケース・セオリー

　事実関係に争いがなく、量刑のみが争点となる事件もある（以下「量刑事件」という）。量刑事件でも、弁護人が目標とする判決（量刑）をすべき理由（ケース・セオリー）を明確にすることが必要である。

　裁判員裁判の評議では、裁判所の量刑検索システムが、量刑傾向等を把握するツールとして用いられている。そして、量刑評議の在り方については、司法研究等により裁判所の考え方が明らかにされている。

　弁護人は、裁判所の量刑検索システムで得られる量刑傾向を前提に、司法研究等で示される考え方に沿って弁護活動を行うことが、弁護人が目標とする判決を実現する上で、効果的か検討するべきである。それが効果的であると判断するときは、それを前提としたケース・セオリーを構築するべきことになる。

　これに対し、量刑検索システムで得られる量刑傾向を前提にしたのでは、目標とする判決を実現することが困難な場合においては、量刑検索

18　例えば、メキシコ国籍の被告人のケースで、英語もスペイン語（メキシコの母国語）も同じ程度理解できるという場合に、捜査段階から公判前整理期日の当初までは、英語を通訳言語としていたが、取調べ予定となった証拠（メールやSNS等）の大半がスペイン語でのやりとりであったために、通訳言語をスペイン語に変更したといった事例がある。

システムで得られる量刑傾向は当該事件で参照されるべき量刑傾向ではないこと、あるいは、それが参照されるべき量刑傾向だとしてもその量刑傾向と異なる判決がなされるべきことの説得的な理由を内容とするケース・セオリーを構築する必要がある。

2 平成 21 年度司法研究で提唱された量刑評議の在り方

平成 21 年度司法研究（以下「司法研究」という）[19]により、裁判所が考えている量刑評議の在り方が明らかになった。

司法研究では、「量刑とは『被告人の犯罪行為に相応しい刑事責任を明らかにすること』」であり、具体的な作業として、「法定刑の幅が広く、法定刑がその罪に該当する犯罪行為の重さを量るスケールとして機能しにくいわが国の刑法の下にあっては、一定の刑量として数量化をはかる前提として、動機・行為態様・結果等の主要な犯情事実に着目して当該事件をある程度類型化して捉え、裁判員に犯罪行為の重さ（責任の枠）についてある程度のイメージをもってもらうことが有益であろう。」とされる（なお、司法研究では、この類型を「対象となる犯罪行為の社会的類型（ないし刑事学的類型）」と呼ぶ）。

司法研究では、社会的類型の認定を行った上で、動機・行為態様・結果等の「要素を検索項目として入力し作成された量刑資料（量刑分布グラフ）を使って裁判員に責任の枠についてある程度具体的なイメージをもってもらい、さらに意見交換を重ねる」とする。

そして、上記で設定された「大枠の中で一般情状事実を、刑を（微）調整させる要素として被告人に有利ないし不利に考慮して」最終的な量刑を決定するとされる。

その後に司法研修所刑事裁判教官室から出版された『プラクティス刑

---

[19] 司法研修所編『裁判員裁判における量刑評議の在り方について』（法曹会、2012 年）。

事裁判』では、量刑評議のプロセスを以下のように整理している[20]。

【プロセス１】動機・行為態様・結果等の主要な犯情事実に着目して当該犯罪をある程度類型化して捉えた上で、大まかな量刑の傾向を把握する。
【プロセス２】①犯罪の客観的な重さと、②意思決定への非難の程度を表わす事実（いわゆる重要な犯情）を踏まえて、当該犯罪が、上記類型の中で、どこに位置するかを考え、上記量刑傾向を視野に入れ、ふさわしい刑の幅をイメージする。
【プロセス３】調整要素（一般情状等）を踏まえ、具体的な刑を決める。

　各地で、法曹三者による模擬評議が行われているが、裁判所の評議は、上記のプロセスにそって行われている。実際の裁判員裁判の評議でも、そのようなプロセスで評議がされていると考えられる。

3　最高裁平成 26 年 7 月 24 日判決
　最判平成 26 年 7 月 24 日刑集 68 巻 6 号 925 頁（以下「平成 26 年最判」という）は、量刑傾向について以下の判示をした。
「我が国の刑法は、一つの構成要件の中に種々の犯罪類型が含まれることを前提に幅広い法定刑を定めている。その上で、裁判においては、行為責任の原則を基礎としつつ、当該犯罪行為にふさわしいと考えられる刑が言い渡されることとなるが、裁判例が集積されることによって、犯罪類型ごとに一定の量刑傾向が示されることとなる。そうした先例の集積それ自体は直ちに法規範性を帯びるものではないが、量刑を決定するに当たって、その目安とされるという意義をもっている。量刑が裁判の判断として是認されるためには、量刑要素が客観的に適切に評価され、

20　司法研修所刑事裁判教官室『プラクティス刑事裁判』（法曹会、2015 年）。

結果が公平性を損なわないものであることが求められるが、これまでの量刑傾向を視野に入れて判断がされることは、当該量刑判断のプロセスが適切なものであったことを担保する重要な要素になると考えられるからである。

　この点は、裁判員裁判においても等しく妥当するところである。裁判員制度は、刑事裁判に国民の視点を入れるために導入された。したがって、量刑に関しても、裁判員裁判導入前の先例の集積結果に相応の変容を与えることがあり得ることは当然に想定されていたということができる。その意味では、裁判員裁判において、それが導入される前の量刑傾向を厳密に調査・分析することは求められていないし、ましてや、これに従うことまで求められているわけではない。しかし、裁判員裁判といえども、他の裁判の結果との公平性が保持された適正なものでなければならないことはいうまでもなく、評議に当たっては、これまでのおおまかな量刑の傾向を裁判体の共通認識とした上で、これを出発点として当該事案にふさわしい評議を深めていくことが求められているというべきである。」

　白木裁判官は、補足意見において「裁判官としては、評議において、当該事案の法定刑をベースにした上、参考となるおおまかな量刑の傾向を紹介し、裁判体全員の共通の認識とした上で評議を進めるべきであり、併せて、裁判員に対し、同種事案においてどのような要素を考慮して量刑判断が行われてきたか、あるいは、そうした量刑の傾向がなぜ、どのような意味で出発点となるべきなのかといった事情を適切に説明する必要がある。」と判示しており、裁判員裁判では、そのような量刑評議が行われていると考えられる。

4　弁護の視点
(1)　司法研究及び平成 26 年最判について
　平成 26 年最判は、「裁判例が集積されることによって、犯罪類型ごと

に一定の量刑傾向が示され」、「先例の集積それ自体は直ちに法規範性を帯びるものではないが、量刑を決定するに当たって、その目安とされるという意義をもっている」とした。

しかし、平成26年最判が、司法研究で示された考え方すべてを肯定しているものではなく、裁判所の量刑検索システムで得られるデータが、平成26年最判が指摘した参照されるべき「量刑傾向」といえるか、批判的に検討しなければならない。

(2) 量刑検索システムの利用

裁判所の考える行為責任や量刑評議の在り方の是非はさておき、司法研究や平成26年最判後の量刑評議においては、裁判官から裁判員に対して、量刑傾向が出発点として説明されることになる。多くの事件では、量刑傾向を把握するために、量刑検索システムで得られるグラフ等が参照される。

そこで、弁護人は、まず、裁判所が裁判員に説明する量刑傾向やそこで示される量刑検索システム上の量刑分布を事前に把握する必要がある。裁判員裁判を受任している弁護人は、裁判所において、裁判所の量刑検索システムを利用でき、必要に応じて印刷等を行うこともできる(ただし、被告人への交付は、認められていない)。裁判所が利用する量刑因子にどのようなものがあり、いくつかの条件で検索した場合のそれぞれの量刑傾向を把握しておく必要がある。基本的には、あまり検索条件を絞り込まずに大まかな傾向を把握することから始め、次第に問題となり得る検索条件を絞り込み、最初に把握した量刑傾向と差があるのかどうか、どのような量刑因子が重視され得るのか把握することになる。

次に、裁判所は、【プロセス1】【プロセス2】【プロセス3】の順序で評議を進めることになるので、裁判所の考え方を前提としたケース・セオリーを選択する場合には、各プロセスごとに、弁護人が刑を軽くする量刑事情の内容やその量刑事情がなぜ刑を軽くするのか、そしてどの

程度軽くする事情なのかを検討し、裁判員の共感が得られる説明を構築しなければならない。

　また、検察官が重視する量刑事情が、各プロセスで刑を重くする事情にならないことを主張すべき場合もある。例えば、検察官が、殺人事件において、①凶器を使用した点、及び②攻撃回数の多さ等から、行為態様が危険で悪質であるから、量刑傾向の中で特に重い部類だと主張したとする。その場合に、弁護人は、①参照される量刑傾向は、すべて凶器を使用した事件の量刑傾向であり、凶器を使用した点は量刑傾向すべての事件に織り込み済みの事情で、特に本件を重く処罰する事情とはならないと指摘したり、②攻撃回数が多いのは、被告人がこれまで被害者からDV被害に遭っていた経緯もあり反撃をおそれて回数が多くなっているものだからこれを非難することは相当ではない、あるいは、精神病の症状としての衝動性等が高まった結果であり、それを重く非難する事情とするのは間違いである、と指摘をすることが考えられる。

　量刑事件では、弁論において、弁護人が相当だと考える具体的な刑に関する意見とその根拠を示すことが有効であると考えられる。

　なお、量刑検索システムで得られる情報はあくまで大まかな量刑傾向把握のために参照されるものであるから、「類似事案で懲役○年であった」というような指摘は、効果的でないであろう。

(3)　**量刑事情を争う弁護**

　公訴事実に争いがないとしても、検察官が主張・立証する被告人に不利な量刑事情が事実と異なる場合には、これを争うことが重要である。

　その結果、検察官が想定する「犯罪類型」よりも軽い量刑傾向となる「犯罪類型」だと主張する場合もある。また、「犯罪類型」は変わらないとしても、その「量刑傾向」の中で、軽く位置づけられる事案だと主張する場合もある。

第3章

公判前整理手続

I　概説

1　制度

　公判前整理手続は、事件の争点及び証拠を整理するための公判準備である（刑訴法316条の2）。公判前整理手続の目的は、充実した公判の審理を継続的、計画的かつ迅速に行うために、事件の争点及び証拠を整理して、公判の審理予定を定めることにある（刑訴法316条の2、316条の3、刑訴規217条の2）[1]。

　公判前整理手続において行うことができる事項は、
① 訴因又は罰条を明確にさせること
② 訴因又は罰条の追加、撤回又は変更を許すこと
③ 公判期日においてすることを予定している主張を明らかにさせて事件の争点を整理すること
④ 証拠調べの請求をさせること
⑤ 請求に係る証拠について、その立証趣旨、尋問事項等を明らかにさせること

---

[1]　司法研修所『裁判員裁判において公判準備に困難を来した事件に関する実証的研究』（法曹会、2018年）2頁。

⑥　証拠調べの請求に関する意見を確かめること
⑦　証拠調べをする決定又は証拠調べの請求を却下する決定をすること
⑧　証拠調べをする決定をした証拠について、その取調べの順序及び方法を定めること
⑨　証拠調べに関する異議の申立てに対して決定をすること
⑩　証拠開示に関する裁定をすること
⑪　被害者等の被告事件の手続への参加の申出に対する決定又は当該決定を取り消す決定をすること
⑫　公判期日を定め、又は変更することその他公判手続の進行上必要な事項を定めること
である（刑訴法316条の５）。

　このほか、裁判員裁判においては、公判前整理手続において、鑑定の手続のうち、鑑定の経過及び結果の報告以外のものを行うことができるものとされている（裁判員法50条）。さらに、裁判員裁判の区分審理決定（同法71条）等も、公判前整理手続において行うことができるものとされている（同法75条）。

2　原則

　公判前整理手続が行われると、受訴裁判所が第１回公判期日前に当事者の主張や証拠に触れることになることから、予断排除の原則との緊張関係が生じる。起訴状一本主義（刑訴法256条６項）を中核とする予断排除の原則は、「公平な裁判所」の裁判を受ける権利（憲法37条１項）から導かれ、現行法の骨格を支える最も重要な原則の一つである。刑訴法256条６項は、「裁判官が、あらかじめ事件についてなんらの先入的心証を抱くことなく、白紙の状態において、第１回の公判期日に臨み、その後の審理の進行に従い、証拠によつて事案の真相を明らかにし、もつて公正な判決に到達するという手続の段階を示したものであつて、直接審理主義及び公判中心主義の精神を実現するとともに裁判官の公正を訴訟手続上より確保し、

よつて公平な裁判所の性格を客観的にも保障しようとする重要な目的をもつ」ものと解されてきた（最大判昭和 27 年 3 月 5 日刑集 6 巻 3 号 351 頁）。公判前整理手続における「争点及び証拠の整理」は、無限定にこれを行えば、裁判官が事件の見通しを持つことにつながるものであり、そこで先入的心証を抱くことになれば、公平な裁判は害されることになる[2]。公判前整理手続の目的は、あくまで公判の審理予定を定めることであり、裁判官はその手続の過程で事件の見通しを持ってはならない。したがって、公判前整理手続における「争点及び証拠の整理」は、公判の審理予定を定めるという目的に必要な限度で行われることが、強く要請されることになる。

このことは、「犯罪事実の存否の確認は公判期日における手続において行われる」という意味での「公判中心主義」からも導かれる。裁判官が公判前整理手続において事件の見通しを持ったうえで公判審理に臨み、その見通しに沿って公判審理を行うことは、公判の儀式化を進めるものである。そうした公判の儀式化は、裁判員が刑事裁判に参加する意味を失わせるものであり、決して許されるべきではない。犯罪事実の存否の確認は、実質的に公判期日における手続において行われるべきであり、公判前整理手続は、その審理予定を定めるという目的に必要な限度で行われるという運用が確保されなければならない[3]。

---

[2] 人は仮説を評価・検証しようとする際に、多くの情報の中からその仮説に合致する証拠を選択的に認知し、重視する傾向があるから、公判前整理手続において裁判官が事件の見通しを持つことは、公判における証拠の公正な評価を妨げる危険が大きい。

[3] 司法研修所・前掲注 1、2 頁でも、「刑罰権の存否やその範囲を定める事実を確定するのは、捜査でも公判準備でもなく、『公判』である（公判中心主義（刑訴法 282 条 1 項等））。心証はあくまでも法廷でとるべきであり、公判前整理手続において争点を整理するのは、取り調べるべき証拠と立証事項を明確にし、充実した審理をするための審理計画を立てる必要があるからであり、公判前整理手続において検察官及び弁護人がするべき主張も、それに必要な限度で足りる。」とされている。

当事者主義の原則は、公判前整理手続においても貫かれなければならない。訴訟の追行（審判対象の設定と証拠による立証）は当事者に委ねることによって、裁判所は中立的な判断者の地位を保つべきである。公判においても、公判前整理手続においても、裁判所が当事者の主張・立証に能動的に介入したり、示唆を与えたりすることは、中立的な判断者の地位と相容れないものというべきである。

　裁判所は、充実した公判の審理を継続的、計画的かつ迅速に行うことができるよう、公判前整理手続において、十分な準備が行われるようにするとともに、できる限りこれを早期に終結させるよう努めなければならず、訴訟関係人も協力しなければならないものと定められているが（刑訴法316条の3）、これらの義務も、予断排除の原則、公判中心主義及び当事者主義を前提として理解されなければならない。

3　運用の実際
(1)　早期打合せ

　運用上は、起訴後まもなく、第1回公判前整理手続期日よりも前に、裁判所、検察官及び弁護人が参加する早期打合せの場が持たれることが多い（刑訴規178条の15）[4]。この早期打合せにおいて、裁判所は、弁護人に公訴事実についての主張の見込みや問題意識を尋ねたりする。証拠を検討していない段階で主張の見込み等を明らかにすることは困難であり、適切でないことが多いので、どこまでの発言をするのか事前に検討しておく必要がある。

---

[4]　司法研修所・前掲注1、15頁は、「早期打合せは、単なる顔合わせではなく、裁判所が検察官及び弁護人から公判前整理手続や公判審理の進め方等に関する要望を聴取するなどして当事者の準備を支援するとともに、公判前整理手続や公判審理の進め方についての裁判所の考え方を説明し、法曹三者で認識の共有化を図ることを内容とするもの」として、早期打合せの活用を唱えている。

(2) 公判期日の仮予約

　裁判所は、検察官や弁護人の述べる見通しによっては、早期打合せの段階で公判期日の仮予約をしようと試みることがある。弁護人としては、あくまでも主体的に、確実な見通しのもとに対応すべきであって、中途半端な見通しを述べたり、安易に仮予約に応じたりしてはならない。

　裁判体によっては、「ここで仮予約しなければ、公判はずっと先になる」「事情が変われば仮予約を取り消す」などと言って、仮予約を入れようとすることもある。事件の内容や依頼者の意向も踏まえて、早期に公判期日を予約する選択をすることはあり得るが、証拠開示の推移や主張の内容次第では仮予約の取消しに応じることを裁判所に確認し、その旨を打合せ調書に記載してもらうなどの手当てをしておくことが不可欠である。また、あくまで仮予約であって、公判期日の指定ではない以上、十分な公判準備をするために必要が生じたときは、仮予約の取消し、変更を求めるべきである。

(3) 任意証拠開示

　公判前整理手続の経験の積み重ねを受けて、検察官は、従前よりも任意証拠開示に応じることが多くなっている。裁判所も検察官に対し、早期打合せで示された弁護人の問題意識に合わせて任意証拠開示をするように促すことがある。

　もっとも、任意証拠開示は、法的義務に基づくものではないので、恣意的な開示がされる可能性が常にあることを意識しなければならない。他方、類型該当性が明らかな証拠や、客観的な証拠であって開示の弊害がないものについては早期に任意開示を受けた方が防御準備に資することもあるので、事案に応じて検察官に任意開示を求めるべきである。

　任意証拠開示を受けた場合においても、類型証拠開示請求及び主張関連証拠開示請求をすることを怠ってはばならない。本来開示されるべき証拠の開示を受けないまま、手続を進行させることは不適切である。

(4) 打合せ期日

「早期打合せ」の後にも、刑訴規178条の15に基づく打合せ期日が開かれることがある。打合せには、身体拘束されている被告人は出席できないことが多い。打合せでは、事件の争点及び証拠の整理、審理予定の策定に関する実質的な議論がされることがある。責任能力に関する主張の整理など、被告人が同席していない方が踏み込んだ議論をしやすい場合もあることは否定できないが、被告人不在の場で争点や証拠の整理が行われることが適切かどうかは常に検討しておく必要がある。公判前整理手続期日については義務的に調書が作成されるのに対し（刑訴法316条の12第2項）、打合せについては調書が作成されるとは限らないので、検察官や裁判所の発言内容等を記録する必要があるときは、打合せ調書を作成し、記載することを求めるべきである。

(5) 被告人の出頭

被告人は、公判前整理手続期日に出頭することができる（刑訴法316条の9第1項）。裁判所は、必要があると認めるときは、被告人に出頭を求めることができるが（同条2項）、被告人に応じる義務はない。被告人が出頭を希望せず、被告人不在で公判前整理手続期日が行われることもある。出頭は被告人の権利である以上、弁護人としては被告人の意思をよく確認する必要がある。なお、被告人が最初に出頭した公判前整理手続期日では、人定質問と黙秘権告知がされる（同条3項）。被告人にあらかじめ手続の流れを説明しておくべきである。

(6) 公判期日の指定

公判期日が定められると（刑訴法316条の5第12号）、裁判員の呼出し手続が進む（裁判員法27条）。裁判員等選任手続期日の6週間前に呼出状を発送しなければならないので（裁判員規19条）、この時点では、まだ証拠決定や審理予定の策定が終わっていない場合もある。

このため、公判期日が指定された後にも、争点及び証拠の整理や審理予定の策定が続くことになる。第1回公判期日の直前に公判前整理手続が終わることも稀ではない。

　公判期日が指定されると、それまでに争点及び証拠の整理や審理予定の策定を終えなければならない状況が生じる。そのような状況で、検察官が証拠調べ請求をしてきたり、証人尋問時間の圧縮を余儀なくされたりするなど、弁護人が種々の妥協を強いられるおそれがある。公判期日が指定される段階で、積み残されている課題がどの程度あり、防御準備に支障が生じるおそれがないかどうかを検討し、無理のある公判期日の指定には、応じない姿勢が必要となる。

II　検察官の証明予定事実記載書面の提出及び証拠の取調べ請求

1　証明予定事実記載書面の提出時期

　検察官は、事件が公判前整理手続に付されたときは、その証明予定事実を記載した書面を提出することとなる（刑訴法316条の13第1項）。裁判員裁判対象事件の場合、起訴されたらその直後に裁判所は公判前整理手続に付する決定をし、そこから約2週間後を目処に検察官の証明予定事実記載書面の提出期限を定めることが一般的である。裁判所はこの提出期限を定めるにあたって弁護人の意見を聞くことになっているが（刑訴法316条の13第4項）、起訴から約2週間後を提出期限とする限りは特段意見を述べる必要はないだろう。検察官の都合などにより、提出期限が余りにも遅い場合には、異議を述べることも検討する。

　そして、検察官は証明予定事実記載書面の提出と同時に、証拠の取調べ請求をすることとなる（刑訴法316条の13第2項）。

2　証明予定事実記載書面の記載内容

証明予定事実とは、「公判期日において証拠により証明しようとする事実」であるが、検察官が最初に提出する証明予定事実記載書面は、左側に証拠により証明しようとする事実が物語式で記載され、右側に関係する証拠が記載されていることが多い。

その後、事件によっては検察官の証拠構造（直接証拠型なのか、情況証拠型なのか等）を明らかにする形で整理された証明予定事実記載書面が提出されることもある[5]。

3　証明予定事実記載書面が提出された後の弁護人の対応

証明予定事実記載書面と証拠調べ請求書が提出されたら、まずは証拠の謄写を請求し、証拠物を閲覧すべきである。そして証拠を検討しつつ、検察官の主張を把握する。

この際、まず、検察官が主張する各事実について、どの証拠で立証しようとしているのか、その対応関係が明示されているかを確認するべきである（刑訴規217条の21）。検察官の証明予定事実記載書面がいわゆる「物語式」で記載されている場合、記載された各事実と証拠との関係が明らかでないことがある。そのような場合には、いわゆる「証拠構造型」の証明予定事実記載書面の提出を弁護人から求めることも検討する。

また、検察官の主張のうち、証拠に基づかない記載がないかどうか、争

---

[5] 司法研修所・前掲注1、18頁では、「被告人の捜査段階の供述から特定の法律要件を争うことが明らかな場合」や「早期打合せにおいて、弁護人が問題意識又は争点の見込みを明らかにした場合」に「最初の証明予定事実記載書で証拠構造を明示すべき」であるとの考え方が示されている。しかし、もとより証明予定事実を明らかにするにあたっては、事実とこれを証明するために用いる主要な証拠との関係を具体的に明示することが要請されているのであるから（刑訴規217条の21）、被告人の供述や弁護人の問題意識が明らかになっていることをその前提のように位置づけるのであれば、それは適切でない。

点及び証拠の整理に必要のない事項が記載されていないかを確認することも必要である。このような記載があれば、裁判所に対して異議を申し立て、記載からの削除を求めることとなる。

　検察官が証明しようとしている事実、主張しようとしているストーリーは、証明予定事実記載書を検討することにより、把握することができる。検察官が請求している供述調書に記載されている事実であっても、検察官が主張しようとする事実とは一致しないものがあることがわかる。

　検察官の証明予定事実記載書面に対し、弁護人がさまざまな求釈明をしているケースがある。検察官の主張をより詳細にすることを求める求釈明は、一般的には適切とはいえない。公判前整理手続の中で詳細な主張や証拠の中身に立ち入った議論を行うことは、公判前整理手続の肥大化を招くおそれがある。それは、予断排除の原則や公判中心主義の理念に反するものであり、裁判員と裁判官との間の情報格差をもたらすことにもなる。一方で、検察官の主張を限定させる方向での求釈明は、必要かつ有効な場合がある。例えば、共謀の成立時期の特定を求めたり、実行行為の限定を求めたりすることは、防御上必要であり、意味のあることが多い[6]。

　一方、検察官の証明予定事実記載書面に記載されている内容が、関連性のない証拠によって証明しようとしている事実（例えば前科等の悪性格の事実）である場合、そのような事実は「証拠とすることができず、又は証拠としてその取調べを請求する意思のない資料に基づいて、裁判所に事件について偏見又は予断を生じさせるおそれのある事項」（刑訴法316条の

---

[6] 司法研修所・前掲注1、79頁以下では、「事前共謀か現場共謀かを求釈明する必要はない」「実行共同正犯が成立しないとすれば共謀共同正犯を主張するかどうかという点を求釈明する必要はない」「共同正犯が成立しないとすれば幇助犯又は教唆犯を主張するかどうかについて、求釈明する必要はない」という考え方が示されている。このような考え方は、判例によって処罰範囲が拡大されてきた共謀共同正犯について、被告人の防御の対象を不明確にしたまま有罪認定することを是認するものであり、問題があるが、弁護実務上は留意が必要である。

13第1項後段）として違法である旨の異議を述べるとともに、書面からの削除を求めるべきである。これらの事実はそもそも主張すること自体を許容すべきではなく、この段階で主張を許さないという裁判所の判断を得ておく必要がある。

III 証拠一覧表の交付請求及び類型証拠開示請求

1 証拠一覧表交付制度の概要

公判前整理手続に付された事件では、検察官は、被告人側からの請求によって「検察官が保管する証拠の一覧表」を交付する義務を負う（刑訴法316条の14第2項）。証拠一覧表には、証拠の区分に応じて次の事項が記載される（刑訴法316条の14第3項）。

① 証拠物　品名及び数量
② 供述を録取した書面で供述者の署名又は押印のあるもの　標目、作成年月日及び供述者の氏名
③ その他の証拠書類　標目、作成年月日及び作成者の氏名

この証拠一覧表は、被告人側に証拠開示請求の手がかりを与えるものとされているが、検察官から証拠開示を受けた後に開示漏れがないかを確認する上でも有益である。

検察官に証拠一覧表の交付を請求することについて、被告人側にデメリットやリスクはない。証拠一覧表の完成に時間を要する事情のある事案であれば、証拠一覧表が交付されるのに先立って類型証拠開示請求を行うことも可能であり、手続が遅延することはない。

したがって、公判前整理手続に付された事件では、必ず証拠一覧表の交付を請求して、検察官請求証拠が開示された後に速やかにその交付を受けられるようにするべきである。

2 証拠一覧表の交付を請求する方法

検察官に対して証拠一覧表の交付を請求する方法について、刑訴法に特段の定めはないが、請求したことを記録に残しておくため、書面で請求をするべきである。請求に際して理由を明らかにする必要はなく、証拠の一覧表の交付を請求する旨を記載すれば足りる。

検察官は、被告人側に証拠一覧表を交付した後に新たな証拠を保管するに至ったときは、新たな証拠を記載した一覧表を速やかに交付する義務を負う（刑訴法316条の14第5項）。その交付を受けるために被告人側から改めての請求をする必要はないが、交付漏れが生じることもあるので、検察官が新たな証拠を作成又は入手したはずであるのに証拠一覧表が追加で交付されないときは、速やかに交付するよう申し入れるべきである。

3 証拠一覧表に記載される証拠と証拠開示請求の対象となる証拠の関係

検察官から交付される証拠一覧表に記載されるのは「検察官が保管する証拠」であり、検察官が保管していない証拠は記載されない。

他方で、類型証拠開示請求や主張関連証拠開示請求の対象となる証拠は、「検察官が現に保管している証拠に限られず、当該事件の捜査の過程で作成され、又は入手した書面等であって、公務員が職務上現に保管し、かつ、検察官において入手が容易なものを含む。」とされている（最決平成19年12月25日刑集61巻9号895頁）。したがって、証拠一覧表に記載されていない証拠であっても、証拠開示請求の対象になり得る。

証拠一覧表交付制度が導入される前の捜査実務では、警察官による個々の捜査活動のすべてを検察官が具体的に把握してはおらず、検察庁で受け付けていない未送致証拠があるかどうかを検察官がリアルタイムで把握しているわけではないため、被告人側から証拠開示請求があったときに、検察官から警察官に対して、未送致証拠の有無を必要に応じて確認することがあった[7]。このような捜査実務は証拠一覧表交付制度が導入された現在

でも変わっていないと考えられるから、検察官が保管していない未送致証拠が警察官によって保管されている可能性がある。

したがって、証拠開示請求を行うにあたっては、証拠一覧表に記載されていない証拠があり得ることに留意しなければならない。類型証拠開示請求を行う際には、検察官から既に証拠一覧表の交付を受けていても、まずは、証拠一覧表に記載されているものに限定することなく網羅的に識別事項を記載して開示請求を行うべきである。

4 類型証拠開示制度の概要と開示要件

被告人側は、検察官請求証拠の開示を受けた後に、第一段階の証拠開示請求として類型証拠開示請求を行うことができる。開示要件は以下のとおりである（刑訴法316条の15）。

① 刑訴法316条の15第1項1号ないし9号又は第2項に掲げる証拠の類型のいずれかに該当すること
② 特定の検察官請求証拠の証明力を判断するために重要であると認められること
③ 重要性の程度その他の被告人の防御の準備のために開示をすることの必要性の程度並びに開示によって生じるおそれのある弊害の内容及び程度を考慮し、相当と認められること

そして、上記①の類型とは以下のとおりである。
○ 客観証拠等
・証拠物（1項1号）
・検証調書、実況見分調書（1項2号、3号）
・鑑定書（1項4号）

---

7 法制審議会新時代の刑事司法制度特別部会第11回会議議事録42頁の上冨幹事発言。

○ 供述関係の証拠
・検察官側証人予定者の供述録取書等（1項5号）[8]
・「検察官が特定の検察官請求証拠により直接証明しようとする事実の有無に関する」供述録取書等（1項6号）
・被告人の供述録取書等（1項7号）
・被告人又は共犯者の取調べ状況記録書面（1項8号）
○ 証拠物の押収手続記録書面
・検察官請求証拠に関するもの（1項9号）
・類型証拠に関するもの（2項）

　1項の5号、6号及び7号の類型に該当する「供述録取書等」とは、「供述書、供述を録取した書面で供述者の署名若しくは押印のあるもの又は映像若しくは音声を記録することができる記録媒体であつて供述を記録したもの」をいう（刑訴法290条の3第1項）。したがって、取調べの録音及び録画をした記録媒体もこれに含まれる。

　6号の類型は、文言上は要件が複雑であるように思われるかもしれないが、具体例は以下のとおりである。検察官が、目撃者Wの検察官面前調書で「被告人が実行行為をした」事実を証明しようとしているとする。その場合に、Wの未開示供述録取書等は1項5号ロの類型に該当する。そして、W以外の目撃者の供述録取書等が作成されていて、そこに被告人の行動に関する供述が記載されていれば、それは検察官が「特定の検察官請求証拠」（つまりWの検察官面前調書）により「直接証明しようとする事実」（つまり被告人が実行行為をした事実）の有無に関する供述を内容とするものであるから、1項6号の類型に該当する。すなわち、ある事実の有無に関するある者の供述の証明力を判断するために、その供述者の他

---

[8] 検察官は、供述調書の供述者の住所等の記載をマスキングし、その抄本を取調べ請求することがある。そのような場合には、マスキングされていない供述調書が1項5号に該当する類型証拠として開示されるべきことになる。

の供述録取書等の開示を受けられるのが1項5号であり、その事実の有無について他の者の供述録取書等の開示を受けられるのが1項6号である。検察官の主張とは異なる供述をしている者がいる場合に、検察官がその者の供述録取書等の証拠調べを請求することはあり得ない。したがって、1項6号による類型証拠開示請求をしなければそのような証拠が開示されずに終わってしまう可能性がある。1項6号による類型証拠開示請求は特に重要である[9]。

類型証拠開示請求は、開示の請求に係る証拠を識別するに足りる事項と開示が必要である理由を明らかにして行う（刑訴法316条の15第3項）。以上の要件に該当する類型証拠すべての開示請求を行えば、相応に広範囲の証拠開示を受けることが可能である。

5　類型証拠開示請求権の行使の必要性

公判前整理手続に付された事案では、必ず類型証拠開示請求を行うべきである。

検察官は、弁護人からの類型証拠開示請求を待たずに任意の証拠開示を行うことがある。裁判所が検察官に対して任意の証拠開示を促すこともある。そのような任意の証拠開示を受けた後に、弁護人が類型証拠開示請求を行っていない事案がしばしば見受けられる。しかし、そのような弁護人の対応は適切ではない。

まず、任意の証拠開示は、検察官の視点から開示の必要性が認められる証拠を選定して行われているものであり、弁護人の視点から見れば必要である証拠が開示対象から除外されている可能性がある。また、検察官は訴訟の一方当事者であるから、自らの主張・立証活動に大きな支障を及ぼす可能性のある証拠を開示対象から除外する動機が働き得る。さらに、前述

---

[9] 聞込み捜査報告書の1項6号該当性については、酒巻匡編著『刑事証拠開示の理論と実務』（判例タイムズ社、2009年）185頁参照。

したとおり、検察官は未送致証拠の存否をすべて把握しているわけではないから、検察官が把握していない未送致証拠の中に開示を受ける必要性が高い証拠が含まれている可能性もある。

　類型証拠開示請求が省略されている事案があるのは、手続を迅速に進行させるためなのかもしれない。しかし、もし、手続を予定主張明示等の段階に進めることができるほどにケース・セオリーが確立しており、手続を迅速に進行させることが依頼者の利益に適うと考えるのであれば、類型証拠開示請求を行いつつ、その開示が全部完了するのを待たずに検察官請求証拠に対する意見表明や予定主張明示を一部行うことも可能であるから、類型証拠開示請求を省略する理由はない。

　したがって、検察官から任意の証拠開示を受けた場合であっても、類型証拠開示請求を行うべきである。

　なお、弁護人が検察官に対して、類型証拠開示請求に代えて「任意証拠開示請求」を行い、検察官がこれに応じている事案も見受けられる。しかし、類型証拠開示請求権を行使するのでなければ、検察官に不開示理由の告知義務（刑訴規217条の26）が生じないし、検察官が開示に応じなかったときに証拠開示命令の請求（刑訴法316条の26第1項）をすることもできない。また、「任意証拠開示請求」があった場合に、検察官が、該当する証拠の存否について類型証拠開示請求があったときと同等の調査（警察への照会）を尽くしているのかは不明である。類型証拠開示の要件に該当する証拠の開示を請求するときには、必ず、任意の証拠開示を求めるのではなく、類型証拠開示請求権を行使すべきである。

6　証拠開示請求に対する検察官による回答の確認

　被告人側からの証拠開示請求に対して、検察官は、書面で回答を行うのが一般的である。回答に際しては、開示に応じない場合には開示しない理由を告げる義務を負う（刑訴規217条の26）。しかし、検察官が不開示理由を明らかにしない例は少なくない。

検察官から回答書を受領したら、証拠一覧表と対照して、開示に漏れがないかを確認するべきである。

検察官の回答の趣旨が、該当する証拠は存在するけれども開示要件を満たさないという趣旨なのか、それとも該当する証拠は存在しないという趣旨なのかが明確でないときは、そのいずれであるのかを明確にし、前者の場合には不開示理由を明らかにするよう、求釈明を申し出るべきである。

7　証拠開示命令の請求

検察官が開示すべき証拠を開示しないときには、被告人側は裁判所に対して証拠開示命令を請求することができる（刑訴法316条の26第1項）。

証拠開示命令の請求をする場合としては、開示要件の解釈・適用をめぐって検察官と弁護人の主張が対立した場合のほか、存在するはずの証拠について検察官が「存在しない」旨の回答をした場合がある。前述したとおり、証拠一覧表には証拠開示請求の対象となる証拠がすべて記載されるわけではないから、検察官から証拠一覧表の交付を受けていても証拠の存否をめぐって主張が対立することがある。そのようなときに、開示を請求した証拠が存在するはずであると考えるならば、証拠が存在するはずである根拠を示して証拠開示命令を請求するべきである。証拠開示命令を請求した上で、必要に応じ、証拠の存否を明らかにするための「事実の取調」（刑訴法43条3項）として証人尋問等を請求することもあり得る。

被告人側に類型証拠開示請求権や後述する主張関連証拠開示請求権が認められるのは、第1審の公判前整理手続終了までに限られている。他方で、証拠開示命令の請求をすることについて被告人側にデメリットやリスクはない。よって、検察官が開示すべき証拠を開示しないときには、躊躇なく裁判所に証拠開示命令を請求するべきである。

8　類型証拠開示完了前の証拠意見表明及び予定主張明示の要否

刑訴法316条の16第1項は、被告人側は「前条第1項及び第2項の規

定による開示をすべき証拠の開示を受けたときは」検察官請求証拠についての意見を明らかにしなければならないと定めている。また、刑訴法316条の17第1項は、被告人側は「第316条の15第1項及び第2項の規定による開示をすべき証拠の開示を受けた場合において」予定主張を明らかにしなければならないと定めている。

　したがって、刑訴法上は、類型証拠開示が完了する前の段階では、検察官請求証拠についての意見を明らかにしたり、予定主張を明示したりする義務はない。

　他方で、打合せ期日や公判前整理手続期日の席上では、裁判所や検察官から、類型証拠開示が完了する前の段階で概括的な防御方針ないし「問題意識」を明らかにするよう要望されることがある。

　そのような場合に、要望に応じる義務がないことは上述したとおりであるが、防御方針ないし「問題意識」を明らかにして手続を迅速に進めさせることが依頼者の利益に適うこともある。この点の対応は、防御方針ないし「問題意識」を明らかにすることができるほどにケース・セオリーが確立しているのかを踏まえて弁護人自身で判断すべきである[10]。特に事件が公判前整理手続に付されて間もない段階では、打合せ期日や公判前整理手続期日に臨むにあたって、その段階で何を述べることができるのか、あるいは何も述べられないのかを、事案と防御準備の状況に応じて事前に検討しておくべきである。

10　司法研修所・前注1、17頁は、「弁護人の中には、早期打合せの段階で問題意識又は争点の見通しを述べると、証拠を検討した結果、それとは異なる主張をすることとなった場合、その主張の変更が被告人に不利に働くのではないかということを警戒し、証拠をすべて検討しない限り、争点の見通しさえも述べないという者もいるといわれている。」とした上で、「公判中心主義や証拠裁判主義の観点から見ても、公判前整理手続における弁護人の主張の変更を被告人の不利益に扱う余地はない。」と明言している。そのような運用の徹底が望まれるが、過去には、主張の変更が被告人の不利益に取り扱われた例もあることから、注意が必要である。

IV 証拠意見

1 はじめに

裁判所は、証拠採否を決定するにあたり、当事者の請求に基づく場合には相手方又はその弁護人の意見を聴かなければならない（刑訴規190条2項）。当事者は、相手方当事者が請求した証拠の取調べについて異議があるか否か意見を述べる。供述証拠については、これに加えて、証拠とすることについて被告人が同意するか否かの意見も述べる（刑訴法326条1項）。

公判前整理手続に付された事件について、刑訴法316条の16第1項は、証明予定事実記載書面が提出され、かつ検察官請求証拠及び類型証拠が開示された後、被告人又は弁護人は、検察官請求証拠について、刑訴法326条の同意をするかどうか又はその取調べの請求に関し異議がないかどうかの意見を述べることを定める。

2 証拠意見を述べる時期

公判前整理手続に付された事件では、検察官証明予定事実記載書が提出され、検察官請求証拠及び類型証拠が開示された後に、検察官請求証拠に対する証拠意見を明らかにすることが求められる（刑訴法316条の16第1項）。類型証拠の開示が不十分な状況で、裁判所に求められるままに証拠意見を述べることは避けなければならない。一部の証拠については意見を留保し、確定的に証拠意見を述べられるものについて先に証拠意見を述べる工夫も考えられる。

3 証拠意見の内容

(1) 取調べの請求に関して異議がないか否かの意見

検察官請求証拠について、その取調べの請求に関し異議がある旨の意見を明らかにする場合には、その理由を簡潔に述べるべきである。具体的に

は、関連性がないこと、違法収集証拠であること、自白の任意性に疑いがあること（刑訴法319条1項）などが挙げられる。

ア 関連性

関連性は、自然的関連性と法律的関連性に分けて議論されている。自然的関連性とは、証明しようとする事実の存否を推認させる必要最小限度の証明力を有することをいう。法律的関連性とは、自然的関連性が認められるとしても、その証拠の証明力の評価を誤らせる類型的な危険を有するものではないことをいう[11]。具体的には、その証拠を取り調べることによって生じる不公正な偏見や争点の混乱、相手方に対する不公正な不意打ちの排除といった観点が挙げられる[12]。関連性は、裁判員裁判の導入を機に、その重要性が改めて認識されるようになった。

法律的関連性が問題になる証拠の例として、前科証拠がある。前科の証拠能力について、最判平成24年9月7日刑集66巻9号907頁は、自然的関連性があるのみならず、それによって証明しようとする事実について、実証的根拠の乏しい人格評価によって誤った事実認定に至るおそれがないと認められるときに初めて証拠とすることが許されると判断し、前科証拠を被告人と犯人の同一性の証明に用いる場合は、「前科にかかる犯罪事実が顕著な特徴を有し、かつ、それが起訴に係る犯罪事実と相当程度類似することから、それ自体で両者の犯人が同一であることを合理的に推認させ

---

[11] 河上和雄ほか編『大コンメンタール刑事訴訟法（第2版）第7巻』（青林書院、2012年）427頁。

[12] 佐々木一夫「証拠の『関連性』あるいは『許容性』について」『原田國男判事退官記念論文集 新しい時代の刑事裁判』（判例タイムズ社、2010年）188頁。アメリカ合衆国連邦証拠規則403条は、不公正な偏見、争点の混乱、陪審を誤導する危険、不当な遅延、時間の浪費、又は重複的な証拠の必要のない提出といった弊害と、その証拠の証拠価値とを利益考量し、前者が後者を上回る場合に裁判所が証拠排除できるという分析の方法を示している（高野隆『ケースブック刑事証拠法』（現代人文社、2008年）105頁以下参照）。

るようなものであって、初めて証拠として採用できるものとすべきである」と判断した[13]。

このほか、法律的関連性が問題になる証拠の例としては、後記4(2)の遺体写真をはじめとする「感情をかきたてる証拠」が挙げられる。

イ 必要性

裁判員制度の導入に伴い新設された刑事訴訟規則189条の2は、「証拠調べの請求は、証明すべき事実の立証に必要な証拠を厳選して、これをしなければならない。」として、当事者に証拠の厳選を求めている。重複証拠の請求に対しては、同条に反することを理由として、異議がある旨の意見を述べることが考えられる。

実務の運用では、証拠の「必要性」という概念が、より広く機能している[14]。実務では、関連性がないとされる場合が定型化されて、それ以外は幅広く証拠の必要性の問題と扱われ、証拠価値の有無や価値が考慮されているとも指摘されている[15]。

しかし、本来は証拠能力の要件である関連性を欠く証拠について裁判所が裁量的に必要性を認めて採用したり、逆に、関連性のある証拠について裁判所が必要性がないと判断して却下したりすることは、裁判所の公正な判断者としての立場を損ねるものであり、問題がある。裁判所がしたい事

---

[13] さらに、最決平成25年2月20日刑集67巻2号1頁は、前科以外の他の犯罪事実についても、被告人と犯人の同一性の間接事実とすることは、その犯罪事実が顕著な特徴を有し、かつ、その特徴が証明対象の犯罪事実と相当程度類似していない限り許されないと判断した。

[14] 司法研修所編『裁判員制度の下における大型否認事件の審理の在り方』（法曹会、2008年）25頁では、裁判員裁判においては、「証拠の総量を可能な限り削減する必要があり、そのためには、事実認定における当該証拠の必要性についても、厳密に考えていくべきである」という考え方が示されている。

[15] 島田一・蛯原意「裁判員裁判における証拠の関連性、必要性判断の在り方」判タ1401号123頁（2014年）125頁。

実認定をするために必要な証拠は採用し、必要でない証拠は却下して行われるような裁判は、公正な裁判ということができない。

弁護人が証拠意見を検討するにあたっては、まずは関連性の問題として議論することを意識すべきであるが、実務の運用の実態を踏まえ、合わせて必要性がない旨の意見を述べることを検討すべきことになる。

(2) 刑訴法326条の同意

刑訴法326条の同意は、伝聞法則が適用される供述証拠について述べるものである。被告人には、供述証拠について、法廷において反対尋問権を行使し、その真実性を吟味する権利がある。供述証拠への同意の本質は、反対尋問権の放棄であり、被告人の意思に反して弁護人が同意意見を述べることは許されない。

ア 被告人以外の者の供述調書

被告人以外の者の供述調書は、同意した場合には証拠として採用されることが多い。これに対し、不同意とした場合は、検察官が供述者を証人として取調べ請求することが多いが、尋問の必要性や証人の負担などを考慮して証人請求されないこともある。

供述内容に争いがあり、それが事実認定や量刑判断に影響する場合には、不同意意見を述べる必要がある。

供述内容に積極的な争いがない場合にも、弁護人のケース・セオリーを支える供述を得ることができるときなど、証人尋問を行うべき場合は多くある。供述者が被害者の場合、被害の状況を生々しく法廷で語られることが懸念されるとして、不同意意見を述べるのがためらわれる場合もあるかもしれない。しかし、犯行に関する事実について被害者に誤解があることもあるし、時間の経過や謝罪状況などによって被害感情が緩和していることもあるし、供述調書中の表現が過剰で、被害者が冷静に被害感情を述べることもあり得る。

近時、検察官が供述調書を請求し、弁護人が同意意見を述べているにもかかわらず、裁判所が、供述調書の朗読よりも証人尋問の方が理解しやすく、心証を得やすいなどとして、供述者の証人尋問を請求するよう検察官に促したり、職権で証人尋問を採用する例もある。しかし、このような運用は、訴訟の追行を当事者に委ねる当事者主義に照らし、問題がある。

　イ　被告人の供述調書
　被告人の供述調書については、不同意とした場合であっても、不利益な事実の承認を内容とするものは、任意にされたものでない疑いがあるものを除き、証拠とすることができるものとされている（刑訴法322条1項）。不同意意見を述べる場合には、322条1項該当性についても意識して、任意性に疑いがあると判断するときは、その旨を述べるべきである。
　刑訴法301条の2第1項は、裁判員裁判対象事件及び検察官独自捜査事件について逮捕又は勾留されている被疑者の取調べに際して作成され、かつ、不利益な事実の承認を内容とする被告人の供述調書の取調べを請求した場合において、弁護人がその承認が任意にされたものでない疑いがあることを理由として異議を述べたときは、当該書面が作成された取調べの録音・録画記録媒体の取調べを請求しなければならないと定めている。そして、同条第2項は、検察官が記録媒体の請求をしないときは、裁判所は、当該供述調書の取調べ請求を却下しなければならないものとしている。同条第1項、第4項は、録音・録画義務及び記録媒体取調べ請求義務の例外事由として、①記録に必要な機器の故障その他のやむを得ない事情により、記録をすることができないとき（1号）、②被疑者が記録を拒んだことその他の被疑者の言動により、記録をしたならば被疑者が十分な供述をすることができないと認めるとき（2号）、③当該事件が暴力団員による不当な行為の防止等に関する法律3条の規定により都道府県公安委員会の指定を受けた暴力団の構成員による犯罪に係るものであると認めるとき（3号）、④犯罪の性質、関係者の言動、被疑者がその構成員である団体の性格その

他の事情に照らし、被疑者の供述及びその状況が明らかにされた場合には被疑者若しくはその親族の身体若しくは財産に害を加え又はこれらの者を畏怖させ若しくは困惑させる行為がなされるおそれがあることにより、記録をしたならば被疑者が十分な供述をすることができないと認めるとき（4号）を定めている。したがって、例外事由に該当するものとして録音・録画が実施されず、検察官が記録媒体の取調べ請求をしないときは、例外事由該当性を争って、供述調書の取調べ請求の却下を求めることになる。

　近時、直接主義の要請から、裁判員裁判においては、被告人の供述調書が取調べ請求されている場合であっても、被告人質問が先行して行われるのが一般的である[16]。被告人質問の終了後に、検察官が必要性がないと判断して請求を撤回し、あるいは裁判所が請求を却下することが多い。また、裁判員裁判の影響を受けて、非対象事件においても、同様に被告人質問が先行される例が増えている。被告人供述調書の取調べよりも被告人質問の先行を求める場合は、不同意の意見を明らかにすると同時に、「被告人質問を先行されたい」「被告人質問を実施した後、必要性について判断されたい」等の意見を述べることが考えられる。一般的には、取調官が作成する供述調書の朗読よりも、被告人質問において被告人自身の言葉で語らせることが適切な場合が多いが、生々しい犯行状況等について、被告人自身の言葉で語らせることが依頼者の利益に沿わない事案もある。

(3)　証人請求に対する意見
ア　証人が公判期日で証言しようとする内容の確認

　検察官が取調べを請求した証人については、その証人の供述録取書等のうち、「その者が公判期日において供述すると思料する内容が明らかになるもの」（刑訴法316条の14第1項2号）を開示しなければならないものとされている。供述調書のほか、専門家証人については鑑定書や意見書な

16　本書第4章Ⅶ4参照。

どが、供述録取書等に含まれる。供述録取書等が開示されていても、それが公判期日において供述する内容に関するものであるとは限らないので、必ず「公判期日において供述すると思料する内容」の供述録取書等が開示されているかを確認するべきである。

「公判期日において供述すると思料する内容」の供述録取書等が開示されていない場合には、供述要旨記載書面（刑訴法316条の14第1項2号）の開示を求める必要がある。例えば、違法収集証拠を争う事案において、職務質問等を行った警察官の供述録取書等は、作成されておらず、開示されていないことが多い。

「公判期日において供述すると思料する内容」の供述録取書等が開示されているかを確認するにあたっては、その前提として、検察官の立証趣旨を確認する必要がある。立証趣旨が明確でないときは、具体的に明らかにするよう、検察官に求めるべきである。

イ　関連性等

証人についても、証拠物や供述証拠と同様、関連性や必要性の観点から意見を検討する。

特に専門家証人については、体験した事実を証言することが求められる一般の証人とは異なり、証言する資格があるのかが問題になる。すなわち、専門家証人が、体験した事実ではなく、専門的知見に基づいて意見を述べることが許されるのは、証言しようとする内容に関する領域についての専門的知識や技術、経験等が認められるからである[17]。例えば、死体を解剖した法医学者に対し、「被告人がナイフで被害者の腹部を刺した当時、被告人に殺意があったと思いますか」と尋ねたとする。法医学者は法医学の専門家であって、殺意の有無についての専門家ではない。したがって、殺意があったと考えるか否かについて答える資格を有しない。弁護人は「証言する資格がない」という異議を述べることになる。このように、その専門家証人に、証言する資格があるのかという問題は、証人尋問における個

別の尋問について問題になり得るが、証人採否の段階においても、証人調べ請求に対する意見を述べる上で十分に検討しなければならない。その上で、その証人の専門領域を超える内容の証言が想定される場合には、事前に異議がある旨の意見を明らかにすべきである。

4 特に裁判員裁判において問題となる類型の証拠
(1) 統合捜査報告書

裁判員裁判の特徴として、いわゆる統合捜査報告書の活用が挙げられる。これは、検察官がわりやすく迅速かつ的確に立証するために、捜査段階で作成された証拠、例えば、犯行現場に関する実況見分調書や写真撮影報告書のうち、必要な情報を抜き出してまとめた報告書を作成し、新たな証拠として請求する実務運用である[18]。検察官がまず一次的な証拠を請求し、弁護人が同意意見を述べるなどして証拠の内容に争いがないことが明らかになった後、検察官が統合捜査報告書を作成して、新たに請求するのが一般的である。

弁護人が一次的な証拠について同意意見を一度述べると、例えば、統合捜査報告書が作成される過程で疑義が生じたため、結果的に作成に至らな

---

[17] アメリカ連邦証拠規則702は、専門家証人が意見の形式をとって証言できる場合について規定しており、専門家証人の証言する資格を考える上で参考になる。すなわち、同規定は、知識や技術、経験、訓練又は教育により専門家として証言する資格が認められる証人は、(a)専門家の科学的、技術的又はその他の特別な知識が、事実認定者が証拠を理解し、あるいは問題となっている事実について判断するのに資する場合、(b)その証言が十分な事実又はデータに基づいている場合、(c)その証言が、信頼できる原理及び方法に基づいている場合、(d)その専門家が、原理及び方法を当該事件の事実関係に適切に適用している場合に、意見その他の形で証言することができると定める。

[18] 大島隆明「裁判員裁判における証拠調べのプラクティスに関する2、3の問題」『原田國男判事退官記念論文集 新しい時代の刑事裁判』(判例タイムズ社、2010年) 271-272頁。

かった場合に、先に述べた同意意見に基づいて、もともとの証拠が採用される可能性がある[19]。弁護人としては、客観的に争いのない事実に関する証拠であっても、同意・不同意の意見は留保した上で「統合捜査報告書を作成することには異議がない」旨の意見を述べ、又は端的に「不同意」との意見を述べたうえで統合捜査報告書の作成を求めることが考えられる。

(2) 「感情をかきたてる証拠」

裁判員裁判対象事件のような重大事件では、被害者の遺体写真や解剖の際の写真、被害者の生前の写真などの証拠能力や取調べの方法がしばしば問題となる。これらの証拠は「感情をかきたてる証拠」（inflammatory evidence）として、その証拠能力が問題となり得る。すなわち、遺体写真をはじめとする「感情をかきたてる証拠」は、事実認定者に大きなインパクトを与え、それによってかり立てられた怒りや悲しみ、憎しみなどの感情により理性的な判断力を失わせ、その結果、誤った判断を導く危険があると指摘される[20]。

被害者の死亡の事実そのものを立証趣旨として遺体写真が請求された場合、医師が作成した死亡診断書や死体検案書によっても死亡の事実を立証できることから、証拠価値よりも証拠調べによる弊害が上回るとして法律的関連性を欠くというべきである[21]。

死因や犯行態様について争いがあり、遺体写真を取り調べる必要性があ

---

19 東京高判平成25年1月16日東京高等裁判所（刑事）判決時報64巻1～12号26頁は、弁護人が、被告人が作成した手紙やメールを内容とする原証拠に同意していたが、その後検察官が裁判所の求めに応じて、原証拠を圧縮した証拠を別の供述調書に添付して請求し、弁護人がこれに不同意見を述べたのに対して、原証拠のうち圧縮証拠の範囲で原証拠を採用した原審裁判所の手続について、「内容的に可分な証拠については、訴訟経済や審理のわかりやすさの観点から、その一部のみを証拠とすることは、十分に考えられるところである」として、これを是認している。

20 高野隆「感情をかきたてる証拠」法と心理10巻1号42頁（2011年）42、44頁。

ると当事者が考えて請求したにもかかわらず、裁判所が、遺体写真そのものを証拠として採用せず、白黒写真にする、画像の一部をぼかすなどの加工を施した二次的証拠を検察官に作成させて採用する例が報告されている[22]。しかし、関連性を欠く場合については証拠調べ請求を却下すべきであるのに対し、関連性が認められる場合において、当事者が最善であると考えて選択した立証方法を裁判所が否定し、立証方法を指示することは、当事者主義に反するものである。裁判所が、裁判員の心理的負担に過度に配慮し、当事者の立証方法に介入することは、適切ではない。

(3) 「科学的」証拠

裁判員裁判の導入に伴い、科学的証拠の証拠能力が以前よりも活発に議論されるようになった。科学的知見を用いて収集される証拠は、事案の解明のために有用である一方、科学が持つ権威と「もっともらしさ」によって、その証拠価値が過大評価され、判断を誤らせる危険もある。

科学的証拠は、自然的関連性の問題として論じられるのが一般的である。具体的には、基礎にある科学原理が確かなものであること、用いられた技術が科学原理にかなっていること、使用した機器が正しく作用したこと、検査に際して正しい手続が採られたこと、検査を行い、又は分析した者が必要な資格を備えていたことなどが挙げられる。

科学的証拠の中でも特に近時その証拠能力が争われている類型の一つが、防犯カメラ画像の鑑定である。東京高判平成29年11月2日東京高等裁判

---

21 佐々木・前掲注12、198-199頁、後藤貞人「証拠調べのあり方」季刊刑事弁護78号16頁（2014年）18頁。

22 石川恭司＝宇田美穂「裁判所の基本的スタンス(2)」判タ1395号63頁（2014年）64頁は、被害者の遺体写真の採否について大阪刑事実務研究会に所属する裁判官にアンケートをとった結果、遺体写真の採用については抑制なスタンスがうかがわれたと報告し、証拠調べの範囲や方法に配慮する形で取り調べるのが現在の実務の大勢といえると指摘する。

所（刑事）判決時報 68 巻 130 頁は、犯行前後に防犯カメラに記録された犯人の異同識別を立証趣旨として採用された鑑定人の証言の証拠能力が問題になった事案において、客観的な画像データの「分析方法・評価方法が、刑事裁判においてどの程度の適格性・有用性を有するものとして取り扱うのが相当であるのかについては、このような分析方法・評価方法が、どの程度の客観性・信頼性を備えているか否かによって判断すべきである」という基本的な観点を示し、鑑定人の証言内容について詳細に検討した上で、「本件の証拠構造上、犯人と被告人の同一性に関する最も重要な証拠であると認められる（その）鑑定の科学的原理やその理論的正当性、更に具体的な分析内容の客観性・信頼性に関する判断材料が…不十分であることからすると、原審としては、（当該防犯カメラ画像）鑑定及び（鑑定人の）証言の信用性を判断するために、必要な証拠調べを実施したりして、専門的な知見を得る必要があった」のに、それらの措置を講じなかった手続には審理不尽の違法があるとして、原判決を破棄して原審に差し戻した[23]。

こうした「科学的」証拠に対しては、用いられている手法の科学的原理の客観性や信頼性などを十分に検討して、証拠意見を述べるべきである。

(4) 取調べ録音・録画記録媒体

取調べにおける供述は、弁護人の立会いがない密室において、捜査官という対立当事者からの一方的な質問に対してなされるという点で、公判供述と比べてその証拠価値が乏しい。身体を拘束され、又はそのおそれがあることにより圧迫を受けている被疑者の供述の証拠価値は、一段と乏しいというべきである。さらに、供述を加工した供述調書については、その証

---

[23] 差戻審である東京地判平成 30 年 10 月 4 日は、無罪判決を言い渡している。
[24] 鈴木一郎「取調べ可視化における弁護活動の課題」季刊刑事弁護 91 号 34 頁（2017年）は、録音録画記録媒体の特質の一つとして、取調官の側から撮影して被疑者の映像と音声に焦点を当てることによって生じるインパクト、カメラ・パースペクティブ・バイアスによる危険を考慮する必要性を論じている。

拠価値がさらに限定的であるというべきであるが、取調べの録音・録画記録媒体にも、撮影の角度による不正確な印象をもたらすという問題などを無視して、映像による直感的な心証形成を生じさせるという危険がある[24]。

　検察官が不利益事実の承認を内容とする被告人の取調べ録音・録画記録媒体を実質証拠として請求する場合には、弁護人は、証拠価値に比して捜査段階の供述による不当な偏見や時間の空費という弊害が上回るとして、関連性がないという意見を述べるべきである。事案によっては、被告人質問の先行を求めたうえで、被告人に捜査段階の供述の存在、内容や経緯を供述させて、証拠調べの必要性がないという意見を述べることも考えられる[25]。取調べ録音・録画記録媒体が補助証拠として取調べ請求された場合であっても、実際の心証形成の過程や内容は実質証拠とした場合と実質

---

[25] 東京高判平成28年8月10日判タ1429号132頁は、「取調べ状況の録音録画記録媒体を実質証拠として一般的に用いた場合には、取調べ中の供述態度を見て信用性評価を行うことの困難性や危険性の問題を別としても、我が国の被疑者の取調べ制度やその運用の実情を前提とする限り、公判審理手続が、捜査機関の管理下において行われた長時間にわたる被疑者の取調べを、記録媒体の再生により視聴し、その適否を審査する手続と化すという懸念があり、そのような、直接主義の原則から大きく逸脱し、捜査から独立した手続とはいい難い審理の仕組みを、適正な公判審理手続ということには疑問がある。また、取調べ中の被疑者の供述態度を見て信用性を判断するために、証拠調べ手続において、記録媒体の視聴に多大な時間と労力を費やすとすれば、客観的な証拠その他の本来重視されるべき証拠の取調べと対比して、審理の在り方が、量的、質的にバランスを失したものとなる可能性も否定できず、改正法の背景にある社会的な要請、すなわち取調べや供述調書に過度に依存した捜査・公判から脱却すべきであるとの要請にもそぐわないように思われる。したがって、被疑者の取調べ状況に関する録音録画記録媒体を実質証拠として用いることの許容性や仮にこれを許容するとした場合の条件等については、適正な公判審理の在り方を見据えながら、慎重に検討する必要があるものと考えられる。」と判示し、自白の存在と概要が被告人質問によって明らかになっていること等を指摘して、取調べの必要性を否定して請求を却下した原審の証拠決定には合理性があると判断した。

に異ならないものとなる可能性があることから[26]、弁護人は、検察官の立証趣旨のみならず、取り調べられた場合の実質的な効果を考慮して、証拠意見を述べる必要がある。

　捜査段階の供述の任意性が問題になる場合、検察官は、取調べ録音・録画記録媒体を請求して、取調べ状況を立証しようとする。録音・録画された取調べ中に暴行・脅迫が加えられた場合のように、任意性の疑いの根拠となる事実が直接記録されている場合、当該録音・録画記録媒体に関連性や証拠調べの必要性があることは否定し難い。他方、録音・録画されていない取調べにおいて暴行・脅迫が加えられた場合のように、任意性の疑いの根拠となる事実が直接記録されていない場合、録音・録画記録媒体の証拠価値は低いものとなるから、映像による直感的な心証形成を生じさせる危険という弊害がこれを上回ることが多くなる。このような場合、弁護人は、関連性及び証拠調べの必要性がないという意見を述べて、証拠請求の却下を求めるべきと考えられる。

---

[26] 東京高判平成30年8月10日は、「被告人が殺害犯人であると認められるかどうかということと、自らが殺害犯人であることを認める被告人の供述が信用できるかということとの違いは紙一重であり、両者の境界は極めて曖昧である。しかも、取調べの録音録画記録媒体を証拠として取り調べるということは、被告人が供述する内容そのものを、その供述する姿、音声とともに視聴するということにほかならない。そうすると、取調べの録音録画記録媒体について、これを実質証拠とせず、信用性の補助証拠に限定し、実体判断は供述調書によると法的に整理したとしても、実際の心証形成の過程や内容は、同記録媒体を実質証拠とした場合と実質的に異ならないものとなる可能性があると考えられる」と指摘して、原審（宇都宮地判平成28年4月8日判時2313号126頁）が被告人の供述の任意性及び信用性判断の補助証拠として取調べの録音・録画記録媒体を採用したにもかかわらず、被告人の供述態度から被告人の犯人性を直接推認したと認定し、訴訟手続の法令違反を理由として原判決を破棄した。

V 予定主張の明示及び証拠の取調べ請求

1 はじめに

被告人又は弁護人は、検察官の証明予定事実記載書面の送付を受け、かつ、類型証拠開示請求に基づき開示をすべき証拠の開示を受けた場合において、その証明予定事実その他の公判期日においてすることを予定している事実上及び法律上の主張があるときは、裁判所及び検察官に対し、これを明らかにしなければならない（刑訴法316条の17第1項）。

被告人又は弁護人は、上記の証明予定事実があるときは、これを証明するために用いる証拠の取調べを請求しなければならない（刑訴法316条の17第2項）。

2 予定主張を明示すべき主体

予定主張を明示する義務があるのは、「被告人又は弁護人」である。したがって、被告人又は弁護人のいずれかが予定主張を明示すれば、義務は果たされたことになる。特段の事情のない限り、被告人ではなく、法律家である弁護人がその予定主張を明示するのが適切である。

3 予定主張を明示すべき時期

裁判所は、検察官及び被告人又は弁護人の意見を聴いた上で、予定主張を明らかにすべき期限を定めることができる（刑訴法316条の17第3項）。予定主張を明示する義務が生じるのは、検察官の証明予定事実記載書面の送付を受け、かつ、類型証拠開示請求に基づき開示をすべき証拠の開示を受けた場合である。裁判所が期限を定めるにあたっては、類型証拠開示請求に基づき開示されるべき証拠の開示を受け、かつ検討するために必要な期間が確保されるよう、意見を述べるべきである。

類型証拠開示請求に基づいて開示されるべき証拠が未開示の場合は、予

定主張を明示しなくても、明示義務違反とはならない。もっとも、被告人の迅速な裁判を受ける権利の観点から、その時点で可能な予定主張を明示して、公判前整理手続を進行させることが望ましいことも少なくない。

　予定主張は、検察官の証拠意見、主張関連証拠の開示や検察官の証明予定事実の追加・変更を受けて、追加・変更することが予定されている（刑訴法316条の22第1項）。

4　公判期日においてすることを予定している主張の検討

　被告人又は弁護人が明示する義務があるのは、「証明予定事実その他の公判期日においてすることを予定している事実上及び法律上の主張」である。したがって、公判前整理手続において予定主張を明示するにあたっては、まず、公判期日において、いかなる「主張」をすべきかを検討する必要がある。

　公判期日においては、冒頭陳述において、主張を「明らかにしなければならない」とされている（刑訴法316条の30）。したがって、ここで検討するのは、冒頭陳述で明らかにすることを「予定」している「主張」ということになる。対審（裁判官の面前で当事者が口頭でそれぞれの主張を述べること）は公開法廷で行うものであるから（憲法82条）、冒頭陳述で弁護人が明らかにするものこそが、弁護人の「主張」である。公判前整理手続においては、争点及び証拠を整理し、証拠の採否の決定等を前倒しで行うために、その「予定」を明示するものであって、公判前整理手続で明示したものが直ちに「主張」となるわけではない。

(1)　「主張」とは何か

　「主張」とは、「事実又は法律に関する意見の陳述」を意味する。「知覚した事実を事実として述べること」を意味する「供述」とは異なる。

　弁護人が公判期日において何を「主張」するかは、弁護人が、被告人の防御の観点から、目標とする判決を実現するために決める事柄である。裁

判所の求めに応じて明らかにする事柄でも、検察官の求めに応じて明らかにする事柄でもない。被告人の「供述」を、そのまま「主張」とすることは、通常、適切ではない。弁護人が構築しているケース・セオリーも、その内容をすべて「主張」するべきものではない。

(2) 何を主張すべきか

弁護人は、構築しているケース・セオリーに基づき、裁判官及び裁判員の心証形成への影響、証拠を採用させるための必要性や、主張関連証拠開示を受けるための必要性等を考慮して、公判期日においてすることを予定する主張を決めることになる。

公判期日において主張をする場面は、裁判官及び裁判員に対して直接語りかけて、その心証形成に影響を及ぼすことのできる機会である。したがって、目標とする判決をすべき理由であるケース・セオリーの主要な部分は、多くの場合、「主張」として語るべきことになる。また、「法律上犯罪の成立を妨げる理由又は刑の加重減免の理由となる事実」[27]は、「主張」することによって、判決において、「これに対する判断を示さなければならない」という効果が生じることから（刑訴法335条2項）、判断を示すことを義務付けるためにも、主張する必要がある。したがって、例えば、正当防衛や心神喪失による無罪を目標とする場合には、それらの要件に該当する事実を主張しなければならない。ケース・セオリーに法令の解釈、適用や合憲性についての見解が含まれる場合は、「法律上の主張」として論じることになるだろう。

---

27 「法律上犯罪の成立を妨げる理由となる事実」とは、犯罪の構成要件に該当する事実以外の事実であって、それがあるために法律上犯罪の不成立を来す事実をいい、構成要件該当性、違法性及び責任の各阻却事由を指し、犯罪構成要件に該当する事実の全部又は一部の単純な否認は、これに該当しないと解されている（伊丹俊彦＝合田悦三編『逐条実務刑事訴訟法』（立花書房、2018年）943頁）。

ケース・セオリーに含まれる有利な証拠を採用させるためには、その前提となる主張をして、関連性を明らかにする必要がある。また、公判期日において「事件に関係のない事項」(刑訴法295条1項)として証人尋問の制限を受けたり、供述の制限を受けたりしないようにするために、主張をしておくことが必要な場合も考えられる[28]。
　主張関連証拠開示請求を受けるためには、その主張をすることを予定し、かつこれを公判前整理手続において明示しなければならない。したがって、構築中のケース・セオリーに含まれる事実のうち、それに関連する証拠の開示を請求するものについては、これを公判期日において主張することを予定し、かつ公判前整理手続において明示する必要がある。
　これに対し、検察官請求証人の供述を弾劾する事実は、ケース・セオリーに含まれているとしても、主張することを予定しないことが多いであろう。当該証人を弾劾する必要性は、公判期日における証言がなされて初めて生じるものであるし、そのような事実をあらかじめ明らかにすることは、反対尋問の実効性を失わせるおそれが大きいからである。

---

[28] 最決平成27年5月25日刑集69巻4号636頁は、「公判前整理手続終了後の新たな主張を制限する規定はなく、公判期日で新たな主張に沿った被告人の供述を当然に制限できるとは解し得ない」としたうえで、「公判前整理手続における被告人又は弁護人の予定主張の明示状況(裁判所の求釈明に対する釈明の状況を含む)、新たな主張がされるに至った経緯、新たな主張の内容等の諸般の事情を総合的に考慮し、前記主張明示義務に違反したものと認められ、かつ、公判前整理手続で明示されなかった主張に関して被告人の供述を求める行為(質問)やこれに応じた被告人の供述を許すことが、公判前整理手続を行った意味を失わせるものと認められる場合(例えば、公判前整理手続において、裁判所の求釈明にもかかわらず、『アリバイの主張をする予定である。具体的内容は被告人質問において明らかにする。』という限度でしか主張を明示しなかったような場合)には、新たな主張に係る事項の重要性等も踏まえた上で、公判期日でその具体的内容に関する質問や被告人の供述が、刑訴法295条1項により制限されることがあり得るというべきである。」と判示している。

(3) 検察官の主張との関係

　弁護人は、公判期日において、起訴状や冒頭陳述における検察官の主張に対する認否を明らかにする義務を負っていない。したがって、公判前整理手続においても、公訴事実や検察官が主張する間接事実の認否をする義務はない。

　弁護人は、目標とする判決を実現するために有益か否かの観点から、いかなる事実の存否を主張するかを決めるべきである。もちろん、そのような観点からすることとした主張が、結果的に、ある構成要件該当事実は認められない旨の主張であったり、ある検察官主張事実は認められない旨の主張であったりすることは少なくない。例えば、故意が認められない旨の主張や、被告人が共犯者との間で会話をしたとする検察官主張事実は認められない旨の主張をする場合が考えられる。

　認否をする義務がない以上、検察官が主張する被告人に不利益な事実について、認める主張をする義務はない。もちろん、目標とする判決を実現するために有益であると判断して主張することとした事実が、検察官の主張事実と一致することもある。言い換えれば、当該主張をすることが目標とする判決を実現するために有益であると弁護人が判断する場合には、被告人に不利益ともなり得る事実について認められる旨の主張をすることもあり得る。例えば、正当防衛による無罪を目標とする事件や、被告人が公訴事実をすべて認めており、執行猶予を目標とする事件では、検察官が主張する構成要件該当事実はすべて認められる旨を主張する場合もある。認められる旨の主張する場合、当該事実は「争いのない事実」となり、「当該事実及び証拠の内容及び性質に応じた適切な証拠調べ」が行われるよう努めるべきことになる（刑訴規198条の2）。

　認否をする義務がない以上、検察官が主張する事実について、存否のいずれも主張しないことができるのは当然であり、そうすることが適切な場合も多い。検察官が主張する些末な事実には応答しないのが通常である。場合によっては、公訴事実であっても、存否を主張しないという選択をす

ることもあり得る。例えば、共謀共同正犯の事案で無罪を目標とする場合、共謀をした事実は認められない旨の主張をしたうえで、実行犯による犯行について、認められる旨の主張をすることも、認められない旨の主張をすることも、存否のいずれも主張しないことも考えられる。弁護人は、証拠関係を踏まえ、いずれの方針が目標とする判決を実現するために最適であるかを判断すべきである。検察官は争点以外の立証を簡略化したいと考える立場にあり、裁判所は限定された争点に集中した審理及び評議を行いたいと考える立場にあることから、いずれも、争点を絞り、かつ争点以外は争いのない事実として整理しようとする傾向がある。しかし、弁護人は、目標とする判決を実現するために有益か否かの観点から、何を主張し、何を主張しないかを決めるべき立場にある。

　犯罪事実については検察官が立証責任を負っており、弁護人が検察官主張事実について認められない旨の主張をしなかったとしても、検察官の立証責任が減免されるものではない。公判前整理手続において、弁護人がある検察官主張事実の存否のいずれも主張しない場合、当該事実は「争いのない事実」ではないと理解されることになるが、同時に、弁護人が当該事実の存否を証明するために用いる証拠の取調べを請求しないことも明らかになるから、そのことを前提に、検察官は立証準備をし、審理予定が策定されるべきことになる。

5　争点及び証拠の整理に必要な事項の明示

　公判前整理手続では、「公判期日においてすることを予定している」主張のうち「事件の争点及び証拠の整理に必要な事項」を「具体的かつ簡潔に」明示しなければならない（刑訴規217条の20第2項）[29]。公判前整理手続の目的は公判の審理予定を定めることであり、裁判官はその手続の過程で事件の見通しを持ってはならないのであるから、「争点及び証拠の整理」は公判の審理予定を定めるという目的に必要な限度で行われなければならない。したがって、予定主張も、公判の審理予定を定めることを目的とす

る「争点及び証拠の整理に必要な事項」の限度で明示されるべきなのである[30]。

　弁護人に証明予定事実があるときは、これを証明するために用いる証拠の取調べを請求しなければならず（刑訴法316条の17第2項）、それを受けて裁判所が証拠の採否を決定することになる（同316条の5第7号）。したがって、証明予定事実は、争点及び証拠の整理に必要な事項であるといえ、証拠の採否を判断することが可能な程度に具体的かつ簡潔に明示すべきことになる。

　弁護人が主張関連証拠開示請求をする場合、その要件として、予定主張を明示することが必要とされている（刑訴法316条の20）。したがって、予定している主張のうち当該主張に関連する証拠の開示を請求するものは、争点及び証拠の整理に必要な事項となり、検察官の証拠開示義務の有無を

29　司法研修所・前掲注1、28頁では、「弁護人は、予定主張において、検察官が主張する主な間接事実のうちで争うものを特定して明示するとともに、その争い方として、積極的な事実を主張して争う場合には、その具体的事実とその立証方法を明示しなければならない。」という考え方が示されている。公判期日においても認否をする義務はないのであるから、公判前整理手続において「主な間接事実」を認否する義務もないことは明らかである。ただ、弁護人がある「主な間接事実」は認められないとする主張をすることを予定した場合において、当該事実の不存在や反対事実の存在を証明しようとするときは、証明予定事実として明示し、証拠の取調べを請求しなければならない。また、「主な間接事実」が判決を左右する重要なものであるときは、これが認められない旨の主張を明示して、主張関連証拠開示請求をすることが適切なことが多い。さらに、検察官が反証を要するような「積極的な事実」の主張を予定するときも、それは「争点及び証拠の整理に必要な事項」となるから、これを明示しなければならないことになる。

30　司法研修所・前掲注1、2頁においても、「心証はあくまでも法廷でとるべきであり、公判前整理手続において争点を整理するのは、取り調べるべき証拠と立証事項を明確にし、充実した審理をするための審理計画を立てる必要があるからであり、公判前整理手続において検察官及び弁護人がするべき主張も、それに必要な限度で足りる。」とされている。

判断することが可能な程度に具体的かつ簡潔に明示すべきことになる。

上記以外の主張を公判期日においてすることを予定している場合、これを明示する義務があるか否かは、公判の審理予定に有意に影響するかどうかを個別に検討する必要がある。例えば、弁護人が公判期日において、突然、正当防衛の成立要件に該当する事実の主張や、アリバイの主張をした場合、検察官が反証をする必要が生じ、「継続的、計画的かつ迅速に行うことができるように」定められた公判の審理予定（刑訴規217条の2第1項）は、大幅に狂わされることになる。このように、公判の審理予定に有意な影響を及ぼす事実の主張は、争点及び証拠の整理に必要な事項であるから、検察官が反証の要否を検討することが可能な程度に具体的かつ簡潔に明示すべきことになる。

証拠の証明力や事実の推認力についての評価の主張は、通常、公判の審理予定に有意に影響するものではないから、争点及び証拠の整理に必要な事項にはあたらない。したがって、公判期日においてそのような評価的な主張をすることを予定している場合であっても、公判前整理手続において明示する義務はないことになる。

法令の解釈、適用や合憲性についての主張は、多くの場合、公判の審理予定に有意に影響するものではないから、争点及び証拠の整理に必要な事項にはあたらず、公判前整理手続において明示する義務はない。例えば、公判期日において、「合理的な疑いを差し挟む余地のない程度の証明」の基準について論じることを予定している場合でも、それを予定主張として明示する必要はない。これに対し、弁護人が公判期日において突然その主張を明らかにしたときは、検察官に反論の準備や立証の必要が生じることにより、公判の審理予定に有意な影響を及ぼす内容のものである場合は、争点及び証拠の整理に必要な事項として、明示すべきことになる。法令の解釈や合憲性は、裁判官の合議によって判断されるものであるが（裁判員法6条2項）、証拠の採否の決定にあたり必要な場合は別として、それ自体につき公判前整理手続で裁判されることは予定されておらず、公開法廷

における審理を経た上で判断されるべきものである。また、公判前整理手続において、検察官は法律上の主張を明示することとされておらず（刑訴法316条の13第1項）、弁護人が片面的に法令の解釈や合憲性の見解の理由を公判に先立って明らかにする義務を負わされているとは解されない。したがって、法令の解釈や合憲性に関する見解の「理由」は、争点及び証拠の整理に必要な事項ではなく、公判前整理手続の予定主張としては、その「結論」を具体的かつ簡潔に明示すれば足りることになる[31]。

6　予定主張についての求釈明への対応

予定主張を明らかにした後、検察官の申立てにより、又は職権で、予定主張についての釈明が求められることがある[32]。

明示した予定主張の意味が不明確であった場合において、その意味を明確にするよう求められたときは、誠実に対応すべきである。弁護人が公判期日においてすることを予定している主張のうち、争点及び証拠の整理に必要な事項が明らかになっていなかったときは、明らかにすべきことになる。

弁護人が公判期日において主張することを予定していない事項について明らかにすることを求められたときは、公判期日において主張することを予定していない旨を回答すれば足りる。検察官の証明予定事実記載書に認否することを求められたり、被告人の供述を明らかにするよう求められたりしても、応じるべきではない。弁護人が公判期日において主張することを予定している事項についても、争点及び証拠の整理に必要でない詳細を明らかにすることを求められたときは、これに応じる必要はない。

構成要件該当事実のように、争点及び証拠の整理に必要な事項について、存否のいずれも主張することを予定していない場合、主張が明示されてい

31　ただし、証拠の採否をめぐり法令の解釈や合憲性が問題となるときは、証拠意見において、その理由を述べる必要が生じ得る。

ないことの趣旨について、釈明を求められることも考えられる。そのような場合は、公判期日において存否を主張することを予定していないが、当該事実は「争いのない事実」ではない旨を回答すれば足りる。

7 証拠の取調べ請求
(1) 証拠の取調べ請求の義務
被告人又は弁護人は、証明予定事実があるときは、これを証明するために用いる証拠の取調べを請求しなければならない（刑訴法316条の17第2項）。

---

32 司法研修所・前掲注1、4頁以下は、裁判所の検察官及び弁護人に対する働き掛けを「検察官及び弁護人が法令に定められた訴訟準備行為をしていない場合に、訴訟指揮権に基づき、争点及び証拠の整理に必要な事項を具体的に明示するように釈明を求めるもの」（第1類型）、「証拠の採否という裁判所の権限に基づき、証拠の自然的関連性、証拠調べの必要性について、検察官及び弁護人に対し、釈明を求めたり、証拠の採否を決したりするもの」（第2類型）、「検察官及び弁護人の主張及び証拠請求が判断のポイントに合った形に絞られていないため、争点が不必要に拡散するおそれがある場合に、充実した審理の実現を目的として、訴訟指揮権に基づき、主張や証拠の推認力の強さや結論への影響の有無等をどのように考えているのかについて釈明を求め、再検討を促すもの」（第3類型）に分類している（4～7頁）。このうち「第3類型」については、「検察官及び弁護人が自らの責任で行うべき事項に関し、主張や立証予定を観た限りでの裁判所の暫定的な考え方を伝え、検察官及び弁護人に再検討を促すという性質のものである。主張の撤回を強制できるものではないし、裁判所として、そのように受け止められるような言動をすべきでもない。また、検察官及び弁護人に再検討を促したものの、検察官及び弁護人が、検討を加えた結果、なお主張を維持したいということであれば、主張を許すべきであって、その前提で速やかに審理計画を策定すべきであり、何度も再検討を促すのは妥当でない。」という考え方が示されている。しかし、仮にそのように抑制された限度でなされるとしても、公判前整理手続において、推認力の評価につき「裁判所の暫定的な考え方」を形成し、表明すること自体が、先入的心証を抱くことにつながるものであるし、裁判所の中立性・公平性を損ねるものであるから、裁判所が「第3類型」の働き掛けをすることは不適切というべきである。

取調べを請求した証拠書類又は証拠物については、検察官に対し、閲覧し、かつ、謄写する機会を与えなければならず、証人、鑑定人、通訳人又は翻訳人については、その氏名及び住居を知る機会を与え、かつ、その者の供述録取書等のうち、その者が公判期日において供述すると思料する内容が明らかになるもの（当該供述録取書等が存在しないとき、又はこれを閲覧させることが相当でないと認めるときにあっては、その者が公判期日において供述すると思料する内容の要旨を記載した書面）を閲覧し、かつ、謄写する機会を与えなければならない（刑訴法316条の18）。

(2)　公判前整理手続終了後の証拠調べ請求の制限

　公判前整理手続が終わった後には、やむを得ない事由によって公判前整理手続において請求することができなかったものを除き、証拠調べを請求することができない（刑訴法316条の32）[33]。したがって、ケース・セオリーに含まれる、目標とする判決を実現するために採用決定を受けることが必要な証拠について、取調べを請求し忘れることのないよう注意すべきである。

---

[33]　公判前整理手続に付された事件において、公判における被告人や証人等の供述の証明力を争うために、これらの供述がなされた後に、これを弾劾するために本条に基づいて供述録取書等を請求する場合は、316条の32第1項の「やむを得ない事由」に当たる（伊丹＝合田・前掲注27）。名古屋高裁金沢支部平成20年6月5日判決判タ1275号342頁も、刑訴法328条による弾劾証拠については、「条文上『公判準備又は公判期日における被告人、証人その他の者の供述の証明力を争うため』のものとされているから、証人尋問が終了しておらず、弾劾の対象となる公判供述が存在しない段階においては、同条の要件該当性を判断することはできないのであって、証人尋問終了以前の取調請求を当事者に要求することは相当ではない」として、「同条による弾劾証拠の取調請求については、同法316条の32第1項の『やむを得ない事由』があるものと解すべき」と判示している。

(3) 合意書面

なお、争いのない事実の立証にあたっては、合意書面（刑訴法327条）を作成し、その取調べを請求することを検討すべきである。合意書面は、検察官と被告人又は弁護人が合意の上、文書の内容又は公判期日に出頭すれば供述することが予想されるその供述の内容を記載した書面である。刑訴規198条の2は、「訴訟関係人は、争いのない事実については、誘導尋問、法第326条第1項の書面又は供述及び法第327条の書面の活用を検討するなどして、当該事実及び証拠の内容及び性質に応じた適切な証拠調べが行われるよう努めなければならない。」と定めている。争いのない事実については、前記IV 4 (1) の統合捜査報告書等の証拠書類に同意をすることも考えられるが、記載内容を表現を含めて適切なものとし、被告人に有利な争いのない事実も記載することができるという点で、合意書面を活用する方が望ましいことが多い。合意書面を作成したときは、検察官・弁護人双方から取調べ請求をするのが通例である。

(4) 公務所等照会

裁判所は、検察官、被告人若しくは弁護人の請求により又は職権で、公務所又は公私の団体に照会して必要な事項の報告を求めることができる（刑訴法279条）。公判前整理手続に付された事件については、同手続において証拠調べ請求や証拠決定ができる以上、同手続において必要な照会を行い、その回答書等の提出を受けることも許されると解されている[34]。公務所等照会請求は、検察官と異なり強制力を持たない弁護人にとって、ケース・セオリーを支える証拠を収集する貴重な方法の一つである。

公務所等照会請求は証拠調べの請求ではなく、報告を求める旨の決定も証拠決定ではない。報告を受け取った後、その内容を検討して必要と判断したときは、改めて証拠調べ請求をする必要がある。

---

34 伊丹＝合田編・前掲注27、598頁。

◆ Column
50条鑑定

　精神障害の影響がうかがわれる事件では、公判前整理手続において、精神鑑定の採否が問題となることがある。精神鑑定は、犯行時における被告人の精神状態を明らかにするものであり、責任能力を争う場合はもとより、精神障害の影響を量刑事情として主張する場合にも、弁護人にとって、重要な立証手段の一つである。当事者主義のもとでは、本来、弁護人が依頼した精神科医等の専門家による意見書又は証人尋問（いわゆる「私的鑑定」。検察官の嘱託鑑定と同様に当事者が依頼する鑑定であることから、「当事者鑑定」ということがある）によって立証するのが原則であると思われるが、被告人が身体拘束されている場合には問診・各種検査を行うことが困難であること、鑑定人の確保や費用負担の問題があることから、わが国では、伝統的に裁判所による「鑑定」（刑訴法165条、起訴前の「簡易鑑定」と対比して、「本鑑定」「正式鑑定」ということがある）が活用されてきた。

　「鑑定」は証拠調べであるから、公判期日において行うのが原則である。しかし、裁判員裁判では、連日的開廷による集中審理が予定されていることから、鑑定の結果の報告がなされるまでに相当の期間を要すると認めるときは、公判前整理手続において、鑑定の手続（鑑定の経過及び結果の報告を除く）を行う旨の決定ができる（裁判員法50条、いわゆる「50条鑑定」）。手続的には、公判前整理手続において、鑑定人に宣誓をさせた上で、鑑定を命ずる（刑訴法165条、同法156条、刑訴規128条。いわゆる「鑑定人尋問」）。必要に応じて、被告人の鑑定留置を行う（刑訴法167条）。鑑定留置の場所は、拘置所等の刑事施設の場合もあれば、医療機関の場合もある。鑑定の結果の報告は、書面（鑑定書）を提出させるのが通例であるが、口頭で報告させることもできる（刑訴規129条。

いわゆる「口頭報告」)。弁護人としては、鑑定書が作成されないと鑑定の内容を正確に理解することが困難であるから、従来どおりの鑑定書の作成を求めるべきである。その上で、立証方法は別途考えればよい。実務上は、鑑定書自体は取り調べず、証人尋問によって鑑定結果を取り調べることが多い。尋問の順序は、最初に鑑定人にプレゼンテーションソフトを用いて、報告させた上で、その後に検察官と弁護人が尋問する例が多いが、従来型の交互尋問・個別尋問による例もある。なお、公判前整理手続において、いわゆるカンファレンスが実施されることがあるが、少なくとも「鑑定の経過及び結果の報告」を行うことはできないとされていることから、裁判官に退席を求める場合がある。

　問題は、50条鑑定の採否の判断である。司法研修所編『裁判員裁判において公判準備に困難を来した事件に関する実証的研究』(法曹会、2018年)は、起訴前鑑定がある場合には、50条鑑定の必要性が認められるのは、①鑑定人の公平さに疑いがあること、②鑑定人の判断手法に問題があること、③鑑定の前提やその資料に誤りがあることに限られるとした上で、検察官及び弁護人の主張だけで判断できない例外的場合には、証拠決定についての提示命令又は事実の取調べとして起訴前鑑定書を確認することを検討すべきであるとしている(同125頁)。しかし、公判前整理手続において起訴前鑑定書を確認することは、実質的に心証形成を行うことになりかねず、予断排除の原則が骨抜きになってしまうおそれがある。本来、再鑑定の必要性は、公判期日における起訴前鑑定の鑑定受託者の証人尋問の結果を踏まえて判断すべきものであるが、公判前整理手続において採否を判断するのであれば、検察官と弁護人の主張を検討した結果、精神障害が犯行に与えた影響の機序に関する検察官の主張に合理的な疑いが生じる可能性がある限り、50条鑑定の必要性は否定されないと考えるべきであろう。

VI 主張関連証拠開示請求

1 主張関連証拠開示制度の概要

弁護人が予定している主張を明示すると、第2段階の証拠開示請求として主張関連証拠開示請求を行うことができる。被告人側の請求によって開示されるための要件は以下のとおりである（刑訴法316条の20第1項）。

① 明示した主張に関連すると認められること
② 関連性の程度その他の被告人の防御の準備のために開示をすることの必要性の程度並びに開示によって生じるおそれのある弊害の内容及び程度を考慮し、相当と認められること

対象となる証拠に類型の限定はなく、あらゆる類型の証拠が開示対象になり得る。明示した主張に「関連する」との意義については、事実の存在又は不存在の証明に資することをいうとされている[35]。

例えば、「被告人は○月○日○時頃には自宅にいた」旨のアリバイ主張を明示した場合に、「被告人が居住しているマンションの敷地内に設置されている防犯カメラの○月○日の映像が記録されている記録媒体」や、「被告人宅に設置されている固定電話回線（電話番号0000-0000）による○月○日の通話履歴が記録されている書面」は、「被告人は○月○日○時頃に自宅にいた」事実の存在又は不存在の証明に資するから、明示した主張に関連する。また、「本件当時、被告人は、○○病に罹患しており、その影響により事理弁識能力及び行動制御能力が著しく低下していた」旨の主張を明示した場合に、起訴前に行われた精神科医による鑑定に関する証拠や、被告人の過去の通院状況に関する証拠は、「被告人は、○○病に罹患しており、その影響により事理弁識能力及び行動制御能力が著しく低下してい

---

[35] 辻裕教「刑事訴訟法等の一部を改正する法律について(2)」法曹時報57巻7号81頁（2005年）。

た」事実の存在又は不存在の証明に資するから、明示する主張に関連する。

主張関連証拠開示請求は、開示の請求に係る証拠を識別するに足りる事項と開示が必要である理由を明らかにして行う（刑訴法316条の20第2項）。

2 主張関連証拠開示請求権の活用

前述したとおり、類型証拠開示請求権を活用すれば相応に広範囲の証拠開示を受けることが可能であるが、主張関連証拠開示請求によらなければ開示を受けられない証拠もある。

まず、類型証拠開示の対象になるのは「特定の検察官請求証拠の証明力を判断するために重要である」証拠に限られるから、被告人側からアリバイを主張したり、あるいは違法性阻却事由や責任阻却事由を主張したりする場合のように、検察官が当初の証明予定事実記載書面で立証対象としていない事実を被告人側から積極的に主張する場合には、そのような主張に関連する証拠は類型証拠開示の対象になっていない可能性がある。

また、「特定の検察官請求証拠の証明力を判断するために重要である」証拠であっても、刑訴法316条の15第1項各号又は同条第2項のいずれかの類型に該当しなければ、類型証拠開示の対象にはならない。また、聞込み捜査報告書のように類型該当性に争いがある証拠も、検察官が類型証拠としては開示に応じないことがある。

そこで、公判前整理手続を終えるのに先立って、改めて防御準備に必要な証拠の開示に漏れがないのかを全般的にチェックした上で、まだ開示を受けていない証拠について主張関連証拠として開示請求することができないかを検討するべきである。

主張関連証拠開示請求に対する検察官による回答の確認や、検察官が開示に応じなかったときの裁判所に対する証拠開示命令請求に関しては、類型証拠開示請求について前述したのと同様である。

◆ Column
難解な法律概念

　裁判員法は、「事実の認定」及び「法令の適用」は裁判官と裁判員の権限としているが（裁判員法6条1項1号及び2号）、他方で、「法令の解釈」は裁判官の権限とし（裁判員法6条2項1号）、必要と認めるときは、裁判官の合議に基づき、裁判長が説明することとしている（同法66条3項、同条5項）。ところで、正当防衛や責任能力に関する最高裁判例のほとんどは事例判断であるから、これらは「法令の適用」の結果に過ぎないと思われるが、「法令の解釈」と「法令の適用」の区別は曖昧であるから、裁判所は、これらの判例を「法令の解釈」に関する判断として、裁判員に説明する可能性がある。また、裁判所は、正当防衛や責任能力は「難解な法律概念」であるとして、これらを言い換えて、わかりやすく説明する可能性がある。しかし、評議室の中で、裁判所がどのような説明をするかは不明であるから、弁護人としては、公判前整理手続において、裁判所が裁判員に対してどのような説明をするかを確認しておく必要がある。

　この問題に関し、司法研修所編『難解な法律概念と裁判員裁判』（法曹会、2009年）は、殺意、正当防衛、責任能力、共謀共同正犯の四つを「難解な法律概念」であるとした上で、それぞれ、その「説明」を提案している（難解な法律概念の「説明」は、「法令の解釈」それ自体ではないが、「中間概念」あるいは「事実認定の補助線」であると位置づけられており、評議において、実質的な判断基準として用いることが想定されている）。例えば、正当防衛のうち、「防衛の意思」（専ら攻撃の意思）や「積極的加害意思」が問題となる場合には、これらを殊更区別して検討するのではなく、「正当防衛が認められるような状況にあったか否か」（正当防衛状況性）という大きな判断対象を提示し、これを念

頭において評議を進めることを提案している。しかし、「正当防衛状況」という説明はトートロジーであり、このような説明によって判断対象が明確になるとは思えない。また、このような説明は、実質的には、法令及び判例を変更（あるいは無視）してしまうおそれがないとはいえない。積極的加害意思に関する判例理論の問題は、従来の判例では「積極的加害意思」という文言を用いているが、実際には、被告人の主観面ではなく、客観的な状況が問題とされてきたということであろうから、裁判員に対しては、正当防衛の制度趣旨に遡って、「急迫性」あるいは「積極的加害意思」の意味を説明すれば説明すれば足りるのではないか。実際に、最決平成29年4月26日刑集71巻4号275頁は、先行行為を含めた行為全般の状況から「急迫性の要件」を欠くと判断している。

　また、責任能力についても、同書は、「精神障害のためにその犯罪を犯したのか、もともとの人格に基づく判断によって犯したのか」という説明を提案している（なお、「精神障害」とは異常な精神機能のことであり、「もともとの人格」とは正常な精神機能のことであると説明されることがある）。精神障害が犯行に与えた影響の有無・程度を検討するにあたって、異常な精神機能の影響だけでなく、正常な精神機能の影響も検討しなければならないことはそのとおりだとしても、そのことから直ちに心神喪失・心神耗弱にあたるかどうかの結論を導くことはできない。仮に正常な精神機能が一部残されているとしても、その残された精神機能によって、違法性の認識及び行動の制御が可能であったか否かの判断が必要になる（いわゆる8ステップの5～8ステップ）。単に「精神障害に支配されている」（又は「精神障害の圧倒的な影響がある」）から、心神喪失である（あるいは、「精神障害に支配されていない」から、心神喪失ではない）とはいえない。わかりやすく説明することは許されるとしても、実質的に法令や判例を変更するような言い換えは許されないから、最終的には、責任能力の制度趣旨に遡って、弁識能力・制御能力の意味を説明せざるを得ないと思われる。

Ⅶ　区分審理決定

　裁判員法71条1項は、「被告人を同じくする数個の対象事件の弁論を併合した場合又は第4条第1項の決定に係る事件と対象事件の弁論を併合した場合において、併合した事件（以下「併合事件」という）を一括して審判することにより要すると見込まれる審判の期間その他の裁判員の負担に関する事情を考慮し、その円滑な選任又は職務の遂行を確保するため特に必要があると認められるときは、検察官、被告人若しくは弁護人の請求により又は職権で、併合事件の一部を1又は2以上の被告事件ごとに区分し、この区分した1又は2以上の被告事件ごとに、順次審理する旨の決定（以下「区分審理決定」という）をすることができる」と規定する。ただし、「犯罪の証明に支障を生ずるおそれがあるとき、被告人の防御に不利益を生じるおそれがあるときその他相当でないと認められるときは、この限りでない」。区分審理決定は、公判前整理手続において行うことができるものとされており（裁判員法75条）、公判の審理予定に大きく影響するものであることから、区分審理決定がされるときは、通常、公判前整理手続において行われることになる。

　例えば、被告人が、①覚せい剤取締法違反事件（違法収集証拠が問題となり無罪主張）、②傷害事件（認める予定）、③傷害致死事件（否認）で起訴された場合、①及び③の事件についてはそれなりに時間がかかるものと見込まれるため、区分審理にすることが考えられる。また、②事件と③事件については、併合しても裁判員の負担という観点からは問題なくとも、②事件の審理に加わることで、③事件に不当な影響があると考えられる場合には、弁護人が区分審理を求めることも考えられる。

　区分審理を行う場合、先行する事件では、部分判決において、有罪か無罪の判断だけがなされ、最後に審理される事件において、先行事件も含めて量刑の評議が行われ、判決が下されることとなる。

Ⅷ 審理予定の策定並びに争点及び証拠の整理の結果確認

1 はじめに

公判前整理手続の目的は、充実した公判の審理を継続的、計画的かつ迅速に行うために、事件の争点及び証拠を整理して、公判の審理予定を定めることにある（刑訴法316条の2、316条の3、刑訴規217条の2）。したがって、公判前整理手続は、審理予定を策定し、争点及び証拠の整理の結果が確認された上で、終了を迎えることになる。

2 公判の審理予定の策定

公判の審理予定の策定とは、公判で取り調べるべき証拠、その取調べの順序や方法を決定し、個々の証拠の取調べに要する時間を見積もり、必要な回数の公判期日等を指定することを意味する。

実務上、裁判所は、証人の数や書証のボリュームから、必要な審理日数を算段し、審理予定案を当事者に提示する。弁護人としては、その内容を精査し、不都合がないかどうかをチェックしなければならない。審理計画を分単位で細かく定めようとする裁判所もあるが、審理は生き物であって、不測の事態が起こり得ることを前提に余裕をもった審理予定が策定されることが、被告人の防御のためにも欠かせないことを意識する必要がある。

証人尋問の所要時間及び取調べ順について、裁判所は、当事者に対し、主尋問（主質問）及び反対尋問（反対質問）の所要時間を尋ねてくる。ケース・セオリーが確立されており、どの証人から何を獲得すべきかがはっきりとしていれば、自信をもって適切な所要時間を答えることができるはずである。いたずらに、「反対尋問の時間は、主尋問と同程度」と答えるのではなく、明確な所要時間を述べられるようにしたい。

検察官請求証人の取調べ順は、検察官が決めるのが原則ではあるが、争点によっては、弁護人にとって取調べ順が重要になる場合もある。そのよ

うな場合は、争点の判断に資するという観点から、より適切な取調べの順があるとして意見を述べてよい。また、同じテーマについて複数の警察官に対する尋問が予定されていて、証言内容を相互に確認できないようにするべき場合は、同じ日に尋問が行われるように求める必要が生じることもある。複数の医師が証言することになった場合に、対質で行うことを提案したり、一方の証言時に他方も傍聴しておくような方法を提案したりすることも考えてよい。

　裁判所が作る審理予定案には、冒頭陳述や論告・弁論の時間が記載されていることもある。必要な時間は当事者が決めることなので、より長い時間がかかると考えている場合は、遠慮なく必要時間を申し出なければならない。

　裁判所は一定時間ごとに休憩を入れた審理予定を立てる。しかし、主尋問のあと、反対尋問に入る前に被告人と打合せをする必要が生じることもあり得るので、弁護人として確保したい休憩時間があれば、裁判所に求めるべきである。

　裁判所は、評議日数を当事者の意見を聞かずに定めようとすることが多い。争点に照らして余りに短い評議時間は、無理な評議になる危険がある。裁判所が提案する評議日数にも気を配り、必要と考えたときは、より長い評議日数が必要であると意見を述べるべきである。

3　争点及び証拠の整理の結果確認

　刑訴法316条の24は「裁判所は、公判前整理手続を終了するに当たり、検察官及び被告人又は弁護人との間で、事件の争点及び証拠の整理の結果を確認しなければならない。」と定めており、公判前整理手続終了時に「争点及び証拠の整理の結果」を確認することとしている。「争点及び証拠の整理の結果」とは、①各当事者が公判でする予定の主張内容、②当事者双方の予定する主張を照らし合わせた結果明らかになった争点、③公判で取り調べるべき証拠及びその取調べの順序、方法並びに採否が留保されてい

る証拠の有無などについて整理した結果を指す[36]。

　このうち争点の整理の結果について、実務上は、検察官の証明予定事実記載書及び弁護人の予定主張を踏まえて、裁判所が「争点整理案」を作成するのが通例である。「争点整理案」は公判審理及び評議の指針となるものであるから、弁護人の予定主張が適切に反映されたものになっているかを確認する必要がある[37]。

　刑訴法316条の31は「公判前整理手続に付された事件については、裁判所は、裁判所の規則の定めるところにより、前条の手続が終わつた後、公判期日において、当該公判前整理手続の結果を明らかにしなければならない。」と定めている。刑訴規217条の29は「公判前整理手続調書若しくは

---

[36] 伊丹＝合田編・前掲注27、801頁。

[37] 司法研修所・前掲注1、3頁では、「争点としては『法律要件上の争点』のみならず、その法律要件上の争点を判断する上では何を解明すればいいのかという観点からの『実質上の争点（判断の分岐点）』まで整理されるべきであり、そうしないと、取り調べるべき証拠やその立証事項を決定することができない。」という考え方が示されている。「例えば、殺人未遂被告事件において殺意の有無に争いがある場合、殺人の故意、つまり『殺意』の有無が『法律要件上の争点』であり、殺意を推認させる間接事実の有無が、『実質上の争点（判断の分岐点）』である。」という。確かに、事案によっては、間接事実の主張が明示されなければ証拠の採否を決定することができないことも考えられる。しかし、あらゆる事案で「法律要件上の争点」とは異なるレベルで「判断の分岐点」を整理しようとすることが適切であるとはいえない。公判前整理手続において、裁判所が「判断の分岐点」を探求することは、事件の見通しを持った上で公判審理に臨むことにつながりやすい。また、特に裁判員裁判においては、裁判員も参加する公判審理を通じて、「法律要件上の争点」につき、合理的な疑いを差し挟む余地のない程度の証明がなされたか否かが判断されるべきところ、公判前整理手続で「法律要件上の争点」とは異なるレベルの事実の存否を「判断の分岐点」と設定することは、裁判員の判断に枠をはめて役割を限定し、検察官の立証責任を減軽する結果となる場合もある。弁護人は、目標とする判決を実現するために争点をどのように設定することが適切かを検討したうえで、予定主張を明示すべきである。

期日間整理手続調書を朗読し、又はその要旨を告げなければならない。」と定めているが、実務上は、公判前整理手続調書等を朗読することはなく、裁判長が「争点及び証拠の整理の結果は当事者双方の冒頭陳述のとおり」などと告げた上で、証拠調べの予定の概要を明らかにすることが通例である[38]。

38　伊丹＝合田編・前掲注27、814頁。

第4章

公判

I 概説

　弁護人の職責は、依頼者の権利及び利益を擁護するため、最善の弁護活動に努めることである（弁護士職務基本規程46条）。公判においては、目標とする判決を実現するために、最善の弁護活動をすることが求められる。

　裁判員裁判においては、裁判官、検察官及び弁護人は、裁判員の負担が過重なものとならないようにしつつ、裁判員がその職責を十分に果たすことができるよう、審理を迅速でわかりやすいものとすることに努めなければならない（裁判員法51条）。弁護人が裁判員にわかりやすい主張や立証をすることは、目標とする判決を実現するためにも、必要である。しかし、目標とする判決を実現するためには、主張や立証をわかりやすくするだけでは、十分ではない。

　目標とする判決を実現するためには、公判に先立って、優れたケース・セオリーを構築しなければならない。そして、公判においては、裁判官及び裁判員に対して語りかけ、証拠を見せ、聴かせることによって、ケース・セオリーを受け容れてもらうことが必要となる。言い換えれば、わかりやすいだけではなく、優れたケース・セオリーに基づく一貫した主張・立証をすることが求められることになる。

　さらに、目標とする判決を実現するため、裁判官及び裁判員にケース・

セオリーを受け容れてもらうためには、弁護人、依頼者さらには弁護人が請求する証人の情報源としての信頼性を保ち、高めることが必要である。人は、信頼性が低いと感じる情報源からもたらされた情報に基づいて判断をしたいとは思わないし、ある判断をしたいと思うときには、その判断の妨げとなる事実の情報源の信頼性を否定してその判断を正当化しようとする。したがって、弁護人は、法廷の内外での振る舞いに気をつけなければならないし、依頼者や証人に対しても、出廷の際の服装を含め、適切な振る舞いを保つよう助言するべきである。被告人という立場に置かれた人物は、しばしば偏見を持たれており、弁護人も、公益の代表者というイメージに守られている検察官と比較して、不利な立場に置かれている。であるからこそ、弁護人は、情報源としての信頼性を保ち、高めるために、一層の努力をする必要がある。

II　裁判員等選任手続

1　はじめに

　裁判員は、有権者の中から選任される（裁判員法13条）[1]。あらかじめ定められた裁判員候補者の中から、一定の欠格事由、就職禁止事由、事件に関する不適格事由がある者、辞退事由があると認められた者、検察官・弁護人からの請求により不選任決定がされた者等を除き、くじで裁判員・補充裁判員が選任される。

2　裁判員候補者の選定

　公判前整理手続で第1回公判期日が指定されたときは、裁判所は、必要な補充裁判員数を決め、選任手続に呼び出す裁判員候補者の数を決める（裁

---

[1] 平成27年6月19日法律第43号附則10条1項により、当分の間18歳以上20歳未満の者は就職禁止事由があるものとみなされる。

判員法26条1項、2項)。補充裁判員の数は審理期間によって増減するが、2名程度であることが多い。呼び出す裁判員候補者はくじで選定する(同条3項)。裁判所は、検察官及び弁護人に対して選定に立ち会う機会を与えなければならない(同条4項)。選定は、パソコンを使用して瞬時に行われる。

　裁判所は、呼び出した裁判員候補者の名簿を選任手続期日の2日前までに弁護人に送付する(裁判員法31条1項)。

3　選任手続期日

　選任手続には、検察官及び弁護人も出席して行う(裁判員法32条1項)。裁判所は、必要と認めるときは被告人を出席させることができる(同条2項)。しかし、これまで被告人が出席した例はないと思われる。

　選任手続では、裁判長から、集まった裁判員候補者の前で、名乗る程度のあいさつをするように求められることもある。

4　事前質問票と当日質問票

　裁判員候補者は、回答した事前質問票をあらかじめ裁判所に郵送している。選任期日当日も、裁判所で当日質問票に回答を記載する。公判前整理手続のなかで、裁判所から、質問票の内容に意見があるか聞かれることもある。地元で耳目を集めた事件の場合は、事件の内容を知らないか、事件関係者と知り合いではないのかといった、不公平な裁判をするおそれがないかどうかの判断材料となる質問を加えてもらうことも考える。

　検察官及び弁護人は、候補者への質問の前に事前質問票と当日質問票の写しを閲覧することができる(裁判員法31条2項)。もっとも、特記事項のない候補者の質問票は配布しない運用をしている裁判体もあるので、その場合はすべてを閲覧することはできない。

5　裁判員候補者に対する質問

　裁判長は、裁判員候補者に欠格事由、就職禁止事由、不適格事由等がないか、辞退申し出があった場合は該当事由があるかを判断するために必要な質問をすることができる（裁判員法34条1項）。検察官及び弁護人も、裁判長に対して、判断に必要と思料する質問をするように求めることができる（同条2項）。

　質問の方式としては、集まった候補者全員がいるなかで裁判長が質問する方式（全体質問方式）と、10人弱程度のグループに分けて質問する方式（グループ質問方式）があり、裁判体によって運用は異なる。個別での質問を望んだ裁判員候補者や、事前質問票・当日質問票の記載等から、個別質問がふさわしいと裁判所が判断した裁判員候補者については、別途個別に質問がされる。

6　不公平な裁判をするおそれを理由とする不選任請求

　裁判員候補者が不公平な裁判をするおそれがあるときは、裁判所は、検察官、被告人若しくは弁護人の請求により又は職権で、不選任の決定をしなければならない（裁判員法34条4項）。

　不公平な裁判をするおそれがある場合としては、例えば、およそどのような事件でも被告人は厳罰に処すべきであると主張している者や、事件報道により被告人は当然有罪であると主張している者などが、具体的事情によっては該当すると考えられている[2]。このほか、例えば、「人を殺したら死刑だと決めている」と主張している者なども、該当するというべきである。裁判員候補者の中には、「公平な裁判ができる自信がない」と口にする者もおり、そのような場合、裁判長が「みなさん不安を感じていますが、大丈夫ですよ」などといって説得することも多い。そのような裁判員候補

---

[2] 池田修＝合田悦三＝安東章『解説　裁判員法（第3版）―立法の経緯と課題』（弘文堂、2016年）87頁。

者の発言が公平な裁判をすることの難しさの自覚の表れであるとすれば、不公平な裁判をするおそれはむしろ小さいのかもしれない。しかし、裁判員候補者の態度等を観察した結果、本人が表明しているように「不公平な裁判をするおそれ」があると判断したときは、不選任請求をすることをためらう必要はない。不選任請求は、裁判員候補者が退室した後ですることができ、裁判員候補者の面前で請求する必要はない。

　裁判所は、請求を踏まえて、不選任決定又は却下決定をする。却下決定に対しては、選任決定までであれば、書面又は口頭で異議の申立てをすることができ、対象事件の係属する地方裁判所が判断することになる（裁判員法35条1項、2項）。

7　理由を示さない不選任請求

　検察官及び被告人（弁護人）は、理由を示さないで不選任を請求できる（裁判員法36条1項）。理由を示さずに不選任請求できる数は補充裁判員の数で決まる。補充裁判員が置かれないときは4人まで、補充裁判員が1、2人の場合は5人まで、3、4人のときは6人まで、5、6人のときは7人まで、それぞれ不選任請求できる（裁判員法36条1項、2項）。理由を示さない不選任は、検察官、弁護人の順に1名ずつ挙げる方法で行われる（裁判員規34条3項）。

　理由を示さない不選任請求があったときは、裁判所は不選任決定をする（裁判員法36条3項）。

　どの裁判員候補者を不選任請求するかは、事前質問票や当日質問票、裁判長との会話の様子から判断するほかないが、情報が少ないため、限界がある。取り扱う事案の内容等に応じて、事前にどのような裁判員候補者について不選任請求するかをイメージしておくことは有用である。弁護人が不公平な裁判をするおそれがあるとして不選任請求をしたにもかかわらず、裁判所が却下した裁判員候補者については、理由を示さない不選任請求をすべきであろう。

8　39条説明

辞退や請求などにより不選任決定がされた裁判員候補者を除いたなかから、くじで裁判員及び補充裁判員が決められる（裁判員法37条1項、2項）。

裁判所は、裁判員及び補充裁判員に対して、その権限及び義務のほか、事実の認定は証拠によること、検察官に立証責任があること、事実認定に必要な証明の程度を説明する（裁判員法39条1項、裁判員規36条）。39条説明は、刑事裁判のルールの説明であり、裁判員・補充裁判員に対して正確にされる必要がある。弁護人としては、裁判所が正確な説明を用意しているかを確認するため、公判前整理手続のなかで、裁判所に対して、選任手続で裁判員に対してどのような説明をするのかを尋ねたり、配付資料の提供を求めたりすることも検討すべきである[3]。

III　冒頭手続

1　人定質問

公判前整理手続に付された事件において、被告人が公判前整理手続に出頭するかどうかは任意であるが、出頭した場合には公判前整理手続の中で人定質問が行われる。その場合であっても、公判審理の冒頭に改めて人定質問が行われることが通常であるので、あらかじめ被告人と内容を確認しておく必要がある。公開法廷において、本籍や住所を明らかにすることに抵抗がある場合（例えば、家族が報復を受けるおそれがある場合）には、弁護人から、被告人の本籍と住所を明らかにしない方法で、人定質問を行うよう求めるべきである。

---

[3] 最高裁判所ウェブサイト（http://www.saibanin.courts.go.jp/topics/07_07_05_kisoku_kouhu.html）には「参考資料2　裁判員法39条の説明の基本的考え方」、「参考資料3　39条の説明例」が掲載されており、実務でも「説明例」に沿った説明がされている。

2　被告事件についての陳述

　検察官が起訴状を朗読した後、被告人、弁護人の順で起訴状の内容について意見を求められる（刑訴法291条4項）。この手続は、被告人や弁護人が事件について最初に語る場面であり、裁判員の印象に残りやすい。

(1)　被告人の陳述

　事実関係に争いのない事件であれば、「間違いありません」と述べることが通常である。事案によっては、ここで謝罪の言葉を述べることも考えられる。事実関係に争いのある場合、どこが違うかを被告人の口から述べてもらうこととなるが、細かなことを被告人に述べてもらうのは混乱を招くことが多い。そこで、起訴状の内容のどこが違うのかについての核心部分を、平易な言葉で、裁判員にも理解できるように話してもらうことが肝要である。例えば、殺意を争う事件であれば「殺すつもりはありませんでした」と述べればいいし、正当防衛を主張する事件であれば「殴った事実はそのとおりですが、自分の身を守るためにやりました」などと述べることが考えられる。

(2)　弁護人の陳述

　弁護人の陳述も事前に準備しておく必要がある。この場面で、被告人と弁護人それぞれに意見陳述の機会が与えられているのは、それぞれの立場からの意見が述べられることが期待されているということである。弁護人は法律家としての立場から、意見を述べることが求められる。その際、裁判員裁判においては、難解な法律用語を用いるべきではない。そのような言葉を用いて陳述をしても、裁判員には全く理解できない。難しい言葉は平易な言葉に置き換えながら、法律的に過不足のない正しい意見を述べるよう、事前に準備することが重要である。検察官の求刑意見は論告まで明らかにされないのが通例であるが、事案によっては、弁護人がこの機会に執行猶予付き判決が相当である等の意見を述べることもある。

IV 冒頭陳述

1 検察官の冒頭陳述

(1) はじめに

証拠調べのはじめに、検察官は、証拠により証明すべき事実を明らかにしなければならない（刑訴法296条本文）。これが、検察官の冒頭陳述である。

(2) 冒頭陳述の義務

冒頭陳述において、証拠により証明すべき事実を明らかにすることは、検察官の義務である。憲法82条により、対審（裁判官の面前で当事者が口頭でそれぞれの主張を述べること）は公開法廷で行うものとされている。公判前整理手続において明示される証明予定事実は、争点及び証拠を整理し、証拠の採否の決定等を前倒しで行うために明示される「予定」にすぎない。検察官は、公開法廷で行われる冒頭陳述において、証拠により証明すべき事実を明らかにする義務を負っているのであり、冒頭陳述で述べられたものこそが、検察官の主張であることになる。

したがって、検察官が冒頭陳述において証拠により証明すべき事実をあえて明らかにしないことは、不適法である。冒頭陳述において、検察官が、公判前整理手続で証明予定事実として明示され、同手続で撤回していない事項を明らかにしないことがある。その場合、検察官は、予定していた主張を黙示的に撤回したか、又は証拠により証明すべき事実を明らかにする義務を果たしていないかの、いずれかであることになる。そのいずれであるかにより防御のあり方が変わり得る場合など、明確にする必要があるときは、求釈明を申し立て、公判前整理手続で証明予定事実として明示されていた事項について、予定していた主張を撤回した趣旨であるのかどうかを明らかにさせるべきである。

(3) 公判前整理手続で明示されなかった主張が述べられたときの対応

逆に、公判前整理手続において証明予定事実として明示されていなかった事項が、冒頭陳述で主張されることもある。公判前整理手続で明示されるべきなのは「争点及び証拠の整理に必要な事項」であるから、それ以外の事項が冒頭陳述で初めて現れることは、当然予定されている。また、書面に簡潔に記載することが求められる証明予定事実と、口頭で裁判官及び裁判員に対して主張を述べる冒頭陳述では、表現が異なることも当然である。しかし、「争点及び証拠の整理に必要な事項」にあたるものが、冒頭陳述で初めて明らかにされたときは、期日間整理手続に付する請求(刑訴法316条の28)、「やむを得ない事由」(刑訴法316条の32)に基づく証拠の取調べ請求や、主張の撤回を求める異議又は求釈明申立てを検討する必要が生じる。例えば、公判前整理手続で証明予定事実として明示されていたとすれば、それに対応する予定主張を明示することにより、主張関連証拠開示請求をしていたであろう事項が新たに主張されたときは、期日間整理手続に付する請求をするべきである。新たに主張された事項が弁護人として反証を要するものであるときは、「やむを得ない事由」があるとして、証拠の取調べ請求をすべきことになる。

(4) 異議の申立て

冒頭陳述においては、「証拠とすることができず、又は証拠としてその取調を請求する意思のない資料に基づいて、裁判所に事件について偏見又は予断を生ぜしめる虞のある事項を述べることはできない」(刑訴法296条但書)。したがって、検察官が証拠に基づかずに、裁判官及び裁判員に偏見又は予断を生じるおそれのある事項を陳述したときは、的確に異議の申立て(刑訴法309条1項)をする必要がある。例えば、証拠に基づかない陳述、被告人の前科・悪性格や黙秘権行使への言及が、異議申立ての対象となり得る。冒頭陳述では、視覚資料が用いられたり、書面が配布されたりすることもあるが、これらの内容も、異議申立ての対象となる。

2　弁護人の冒頭陳述

(1)　はじめに

裁判員裁判を含む公判前整理手続に付された事件については、被告人又は弁護人は、証拠により証明すべき事実その他の事実上及び法律上の主張があるときは、検察官の冒頭陳述に引き続き、これを明らかにしなければならない（刑訴法316条の30）[4]。これが、被告人側の冒頭陳述であり、特段の事情がない限り、被告人ではなく、法律家である弁護人が、その主張を明らかにすべきである。

(2)　冒頭陳述の義務

「主張があるとき」にこれを明らかにするのは、被告人又は弁護人の義務である。冒頭陳述で述べることこそが、弁護人の主張であることになる。何を主張とするかは、弁護人が、ケース・セオリーに基づき、裁判官及び裁判員の心証形成への影響や、公判前整理手続の時点で証拠を採用させ又は主張関連証拠開示を受けるための必要性等を考慮して、決める事柄である。検察官の主張を認否したり、被告人の供述を明らかにしたりする義務はないし、検察官請求証人の供述を弾劾する事実をあらかじめ明かす義務もない。弁護人は、公判前整理手続において、争点及び証拠を整理し、証拠の採否の決定等を前倒しで行うために、予定した主張のうち「争点及び証拠の整理に必要な事項」を簡潔に記載した書面を提出している。冒頭陳述では、裁判官及び裁判員に対し、主張のすべてを口頭で語ることになる。したがって、予定主張として明示した事項は、撤回したものを除き、表現方法は異なり得るとしても、内容的には冒頭陳述に含まれるべきことにな

---

[4]　公判前整理手続に付されていない事件については、「裁判所は、検察官が証拠調のはじめに証拠により証明すべき事実を明らかにした後、被告人又は弁護人にも、証拠により証明すべき事実を明らかにすることを許すことができる」ものとされている（刑訴規198条1項）。

る。

(3) 述べることのできない事項

「証拠とすることができず、又は証拠としてその取調を請求する意思のない資料に基づいて、裁判所に事件について偏見又は予断を生ぜしめる虞のある事項を述べることのできない」ことは、検察官の冒頭陳述と同様である（刑訴法316条の30）。もっとも、被告事件について犯罪の証明をすべき者は検察官であり、弁護人は「証拠により証明すべき事実」以外の事実上の主張もすることができるから、証拠がないことをもって、直ちに陳述が許されないということにはならない。しかし、証拠に基づかずに、裁判官及び裁判員に偏見又は予断を生じさせるおそれのある事項を述べることは、不適法なものとして制限の対象となるし、目標とする判決を実現するうえでも、有益ではない。

(4) 弁護人の冒頭陳述の目的

公判における弁護活動の目的は、目標とする判決を実現することである。判決の基礎となる事実は証拠に基づいて認定されるべきものであるが、人は、仮説に合致する証拠を選択的に認知し、重視する傾向がある。そのため、法廷技術の観点からは、裁判官及び裁判員に、弁護人の「目標とする判決」をすることが正しいのではないか、という仮説を抱かせることが、冒頭陳述で目指されるべきことになる[5]。証拠調べに先立ち、弁護人の「言い分」として聞き置いてもらうのでは、十分ではない。それだけでは、検察官の冒頭陳述に合致する証拠が選択的に認知され、重視されることとなる可能性が大きい[6]。無罪判決を目標とする事件においては、無罪とすることが正しいのではないか、という仮説を抱かせるのに十分な内容の冒頭陳述をすることが重要であり、それは、予断にとらわれない公正な裁判を

5　高野隆＝河津博史『刑事法廷弁護技術』（日本評論社、2018年）第4章参照。

実現するためにも必要である。

(5) 冒頭陳述の内容

　弁護人は、公判に先立ってケース・セオリーを構築し、それに基づいて、弁護人が目標とする判決をすることが正しいのではないか、という仮説を抱かせることができるような主張を組み立て、これを冒頭陳述で語るべきことになる。その内容は、弁護人の目標とする判決の根拠となる事実、証拠及び法令である。

　予備知識のない聴き手に対しては、事実を断片的に述べるよりも、ストーリーを語る方が、効果的に情報を伝達することができる。そのため、冒頭陳述では、弁護人が目標とする判決の根拠となる事実を、ストーリーで語ることが適切であると考えられている。法律的・論理的に正しいだけではなく、感情的にも正しい判決をしようとすることは、人の自然な心理である。弁護人がストーリーを語るにあたっては、このことも十分に意識する必要がある。目指されるべきなのは、弁護人の目標とする判決をすることが正しいのではないか、という仮説を抱かせるようなストーリーを語ることである。そのようなことがあったとは思えないような内容のストーリーや、仮にそのとおりであったとしても弁護人の目標とする判決をすることが正しいとは思えないようなストーリーでは、目的を達することができない。

　裁判官及び裁判員は、冒頭陳述の段階では、まだ証拠を見聴きしていな

6　弁護人の冒頭陳述が乗り越えなければならないのは、検察官の冒頭陳述だけではない。検察庁は「検察官は、的確な証拠によって有罪判決が得られる高度の見込みのある場合に限って起訴することとしている」と盛んに広報しており（http://www.kensatsu.go.jp/kensatsu_seido/tokushoku.htm）、事実認定者が同様の思い込みをしているとき、それに合致する有罪証拠が選択的に認知され、重視される傾向が生じていることになる。そうした傾向に沿って有罪判決をする体験を繰り返すことによって、その傾向は、一層強化される構造にある。

い。見聴きしていない証拠の評価を聴かされても、理解することは困難である。したがって、冒頭陳述において、証拠評価の議論をすることは避けるべきである。冒頭陳述において伝えるべきなのは、弁護人が語るストーリーを支える証拠の「存在」である。弁護人が語るストーリーが証拠によって支えられていることを伝えることによって、弁護人の目標とする判決をすることが正しいのではないか、という仮説を抱かせることが目指されるべきである。

　法令については、弁護人の目標とする判決をすることが正しいのではないか、という仮説を抱かせるうえで必要なときに、引用し、説明すべきである。例えば、正当防衛や心神喪失を主張するときは、法律の文言を引用し、意味を説明し、必要に応じて判例も引用するなどすべきことが少なくない。「合理的な疑いを差し挟む余地のない程度の立証」という証明基準は、無罪判決の有力な根拠であるから、無罪判決を目標とするときは、これに言及し、その趣旨を十分に説明すべきである。法令の説明は、法律家ではない裁判員にも理解できるようにする必要がある。証明基準については、一般に、裁判員等選任手続において、「裁判では、不確かなことで人を処罰することは許されませんから、証拠を検討した結果、常識に従って判断し、被告人が起訴状に書かれている罪を犯したことは間違いないと考えられる場合に、有罪とすることになります。逆に、常識に従って判断し、有罪とすることについて疑問があるときは、無罪としなければなりません。」という説明が、裁判長から行われている[7]。この説明を引用することが、裁判員に理解されやすく、疑義も生じにくいであろう。論理的には適用が必要な法令であっても、上記のような仮説を抱かせるうえで必要のないときに、引用する必要は乏しい。例えば、執行猶予付き判決を目標とするときに、その条文を引用し、説明する必要は、必ずしもないであろう。

　冒頭陳述をするにあたっては、聴き手の記憶には限界があることを意識

7　最高裁判所・前掲注3。

する必要がある。多くの事件では、目標とする判決の根拠となる事実のストーリーが、冒頭陳述の大部分を占めることになるであろう。冒頭陳述の構成を考えるにあたっては、最初に与えられた情報、最後に与えられた情報、反復的に与えられた情報は、記憶に残りやすいことも、意識すべきである。

(6) 冒頭陳述の方法

　冒頭陳述は、基本的に口頭で情報を伝達する場面である。すべての聴き手が耳で聴いて理解できる言葉で語る必要がある。耳で聴いて理解してもらうためには、十分な音量、明瞭な発音、聴き取りやすい早さで語る必要がある。簡潔なセンテンスを用いるべきである。用意した原稿を棒読みするのではなく、聴き手の反応を観察しながら、語りかけるべきである。冒頭陳述の間、無目的な動作をすべきではない。

　冒頭陳述は、基本的に口頭で情報を伝達する場面であるが、耳で聴くだけで物事を理解することは、決して容易ではない。そこで、冒頭陳述では、スライドやパネルなどの視覚資料を用いながら語りかけることが、効果的である。視覚資料は、弁護人が書面に頼らずに冒頭陳述をすることも、助けるものである。

(7) 書面の配布

　冒頭陳述の記憶の保持を助けるためには、その記憶を喚起するような書面を配布することが効果的である。書面には、冒頭陳述で語った重要な事実、証拠と法令を、一覧性のある形式で記載するべきである。

V　証拠書類や証拠物の取調べ

1　証拠書類の取調べ

　弁護人請求の証拠書類が採用された場合、法廷で取調べを行うこととな

る。その際に意識すべきことは、「法廷で」裁判員に理解してもらうことである。

(1) 朗読

証拠書類の取調べ方法は、朗読である（刑訴法305条）。従来の刑事裁判では要旨の告知（刑訴規203条の2第1項）が多用されてきたが、これは法廷では要旨のみを告知し、実際の心証形成は裁判官が証拠書類を裁判官室に持ち帰り、読み込むことで行われてきたことによる。裁判員裁判では、証拠の内容はすべて法廷で顕出し、裁判員には法廷で証拠の内容を理解してもらい、法廷で心証を形成してもらうことになる。評議室で証拠書類の内容を読み込んでもらうことは想定されない。したがって、証拠書類は全文朗読をすることとなる。証拠書類を作成する際も、全文朗読であることを意識して作成することが重要である。

(2) 取調べ方法

証拠書類の取調べ方法についても、裁判員が法廷で理解できるように工夫をすることが求められる。証拠書類にはさまざまなものがあるが、供述録取書など、供述が文字で記載されている証拠書類については、内容を朗読するほかない。その際には、朗読のスピード、声量などを意識して、裁判員がその場で理解できるように工夫をすることが求められる。評議室で証拠を読み直すということは行われない。

一方、検証調書のように、証拠書類の中に写真が含まれているものがある。この場合は写真も証拠であり、これを裁判員に見せる必要がある。その方法としては、当該写真部分を法廷の書画カメラで示す方法がある。しかし、写真が出てくるたびに書画カメラで映すのは、ピントが合わなくて見えづらいなどの問題が生ずるおそれがあり、やや煩雑である。こういう場合は、あらかじめプレゼンテーションソフトに写真部分を取り込んでおき、ソフトを利用しながら朗読をすることが一般的である。また、例えば

被告人の負傷状況を示す診断書の場合には、その診断日時や診断名といった証拠書類の内容の要旨をスライドで映しながら朗読することで、耳で聴くだけでは理解が難しい証拠書類の内容をわかりやすく伝えることができる。

2 証拠物の取調べ

証拠物の取調べ方法は展示である（刑訴法306条）。証拠物についても、裁判員に「法廷で」理解してもらうことを意識すべきことに変わりはない。証拠物は裁判所が領置すれば、場合によっては評議の際に裁判員が手に取りながら議論をすることも想定されるが、領置をするかどうかは裁判所の判断である。

法廷での展示の工夫例として、証拠物の形状や重みに意味がある場合において、弁護人が裁判員に見せて視覚で理解してもらうだけではなく、裁判員1人ひとりに手に取ってもらい、その形状や重さを直接触って感じてもらう方法が挙げられる。

VI 証人尋問

1 検察官請求証人に対する尋問
(1) 検察官による主尋問
ア 異議の申立て

検察官による主尋問において、弁護人は、証人の証言内容を把握しながら、不適法な質問や証言に対し適切に異議を申し立てる必要がある[8]。

異議申立ての対象となるのは、「法令の違反がある」又は「相当でない」質問や証言である（刑訴規205条1項）。具体的には、伝聞供述を求める尋問、関連性のない尋問（刑訴規199条の3第1項）、主尋問における誘

---

8 高野＝河津前掲注5、第13章参照。

導尋問（同規199条の3第3項）、記憶喚起のために供述を録取した書面を示してする尋問（同規199条の11）、個別的かつ具体的でない尋問（同規199条の13第1項）、威嚇的又は侮辱的な尋問（同規199条の13第2項1号）、既にした尋問と重複する尋問（同規199条の13第2項2号）、意見を求め又は議論にわたる尋問（同規199条の13第2項3号）、証人が直接経験しなかった事実についての尋問（同規199条の13第2項4号）が、これに含まれる。

　実際に異議を申し立てるべきなのは、これらの異議理由のある質問又は証言のうち、有害な情報をもたらすものである。有害な情報か否かを判断する基準となるのは、弁護人のケース・セオリーである。異議を申し立てるときは、裁判長に対し、異議を申し立てる旨と、異議理由を簡潔に述べるべきである（刑訴規205条の2）。

イ　不意打ち的な証言への対応

　検察官による主尋問では、開示された供述録取書等に全く記載されていない証言や、実質的に異なる証言がなされることがある。検察官は、取調べを請求した証人については、「その者の供述録取書等のうち、その者が公判期日において供述すると思料する内容が明らかになるもの」又は「その者が公判期日において供述すると思料する内容の要旨を記載した書面」を弁護人に開示する義務を負っており（刑訴法316条の14第1項2号）、その供述の証明力判断に重要な類型証拠等の開示義務も負っている（刑訴法316条の15）。検察官は、開示した供述録取書等を作成した後の取調べや証人テスト（刑訴規199条の13）を通じて、「公判期日において供述すると思料する内容」を知り得る立場にある。検察官が、防御上重要な事項について、「公判期日において供述すると思料する内容」を開示することなく、検察官請求証人に証言をさせることは、証拠開示義務に違反して、不意打ちを与えるものであり、その違法性は重大というべきである。

　不意打ち的な証言がなされた場合の対処法としては、まず、①反対尋問

において、主尋問における供述と同内容の供述が欠落している供述録取書等を自己矛盾供述として提示するなどして、当該証言の信用性の減殺を試みる方法が考えられる。それでは不十分な場合においては、②反対尋問前に期日間整理手続に付する請求をして証拠開示請求をする方法、③当該供述について証拠開示義務違反の重大な違法を理由として証拠排除決定（刑訴規207条）を申し立てる方法が考えられる。

(2) 弁護人による反対尋問

検察官請求証人に対してすべき反対尋問は、当該証人又は証言の信用性を減殺するためにする尋問と、弁護人のケース・セオリーに含まれる有利な事実を認めさせる尋問に分類することができる[9]。

信用性を減殺するためにする尋問には、特定の証言の信用性を減殺するためにする尋問と、証人の信用性を減殺するためにする尋問がある。信用性を減殺するためにする尋問は、信用性を減殺する必要のあるときに限り、行うべきである。弁護人のケース・セオリーを基準として、有利な証言や証人の信用性を減殺してはならない。特定の証言の信用性を減殺するための質問は「証人の観察、記憶又は表現の正確性等証言の信用性に関する事項」について、証人の信用性を減殺するためにする質問は「証人の利害関係、偏見、予断等証人の信用性に関する事項」について行うものとされている（刑訴規199条の6）。

反対尋問では、主尋問と異なり、誘導尋問をすることが許されている。検察官から開示を受けた証拠や、弁護人が調査をした結果に基づいて、信用性を減殺する事項を誘導尋問で認めさせることが、基本的な手法となる（刑訴規199条の4第3項）。信用性を否定されまいとする証人に信用性を減殺する事実を認めさせるためには、証人が認めるべき事実を認めないときに、直ちに根拠となる証拠等を提示することが重要である。

---

9 髙野＝河津前掲注5、第9章及び第10章参照。

弁護人のケース・セオリーを補強する事実を認めさせる尋問は、検察官から開示を受けた証拠や、弁護人が調査をした結果に基づいて、誘導尋問により、当該証人が認めるはずの有利な事実を認めさせることが、基本的な手法となる。当該事実が「主尋問に現れた事項及びこれに関連する事項」でないときは、新たな事項についての尋問として、裁判長の許可を受ける必要がある（刑訴規199条の5）。

　反対尋問では、信用性を減殺するためにする尋問でも、弁護人のケース・セオリーを補強する事実を認めさせる尋問でもない、答えのわからない「質問」をすべきではない。通常、検察官請求証人は、検察官の主尋問において被告人に不利な内容の証言をし、反対尋問では、その信用性を否定されまいとする。素朴に知りたいと思った事項を尋ねるような質問は、被告人に不利な証言をした証人の信用性を高めたり、新たに不利な証言を引き出したりする危険が大きいのに対して、有利な証言を得られる可能性は極めて小さい。

(3)　検察官による再主尋問

　検察官による再主尋問において、弁護人は、証人の証言内容を把握しながら、不適法な質問や証言に対し適切に異議を申し立てる必要がある。再主尋問は「反対尋問に現われた事項及びこれに関連する事項」（刑訴規199条の7第1項）について行われるものであり、反対尋問の範囲外の再主尋問は異議の対象となり得る。「再主尋問については、主尋問の例による」とされており（刑訴規199条の7第2項）、誘導尋問も異議の対象となる。再主尋問では、反対尋問で弾劾された供述を回復しようとして誘導尋問が用いられやすいので、適切に異議を申し立てるべきである。

(4)　裁判官及び裁判員による補充尋問

　裁判官及び裁判員による補充尋問において、弁護人は、証人の証言内容を把握しながら、不適法な尋問や証言に対し適切に異議を申し立てる必要

がある。裁判員の尋問に異議を申し立てるときは、その尋問が許されない理由につき、特に丁寧な説明を心がけるべきである。

(5) 刑事免責された証人に対する反対尋問
ア 制度の概要
　刑事免責制度は、自己負罪拒否特権（憲法38条1項）に基づく証言拒絶権（刑訴法146条）の行使により犯罪事実の立証に必要な証言を得ることができない事態等に対処するため、検察官の請求により、証人に対し、尋問に応じてした供述及びこれに基づいて得られた証拠は、証人の刑事事件において証人に不利益な証拠とすることができない旨の免責（派生使用免責）を付与し、その証言が自己負罪拒否特権の対象とならないようにすることによって、証言を義務付けるものである（刑訴法157条の2、同条の3）。
　刑事免責制度は、2016年刑訴法改正によって導入されたものであり、同時に導入された協議・合意制度と異なり、対象犯罪が限定されておらず、あらゆる事件が対象となる。

イ 刑事免責された証人に対する反対尋問の留意点
　証人が刑事免責を受けているかどうかによって、反対尋問の方法に違いはない。刑事免責された証人は証言拒絶権を行使できず、証言拒否に対しては証言拒絶罪が成立する。証人は証言を義務付けられる形になることから、安易に信用性が肯定される危険があるが、自らが訴追を免れる等の利益を受けるために、検察官に迎合する内容の証言をしたり、被告人に責任を転嫁する内容の証言をしたりする動機があることに変わりはなく、これらの点を意識した反対尋問が求められる。

2 弁護人請求証人に対する尋問
(1) 弁護人による主尋問

弁護人が請求した証人に対する主尋問では、弁護人のケース・セオリーに含まれる事実を、その事実を体験した証人の言葉で語らせることが重要である[10]。事前に、その証人が体験した事実を十分に聴取し、把握しておくことが必要である。

主尋問では、原則として誘導尋問が禁止されているが（刑訴規199条の3第3項）、事実を体験した証人の言葉で語らせるためにも、誘導しないことが重要である。その一方で、弁護人は、質問をすることにより、ケース・セオリーに含まれる事実が、聴き手である裁判官と裁判員にわかりやすい順序で語られるように、証言をコントロールしなければならない。証人が、ケース・セオリーと無関係なことを語り続けたり、裁判官と裁判員が理解できない話をし続けたりすることは、避けなければならない。そのためには、「いつ」「どこで」「誰が」「何を」「なぜ」「どのように」「どうした」のか、回答の範囲を限定しつつオープンに質問する技術が必要となる。

主尋問の構成については、①まず、証人が誰であり、何を証言するために呼ばれたのかを語らせ（イントロダクション）、②証人の信用性や専門家証人の学識経験を基礎付ける事実を語らせ（自己紹介）、③証人が語るべき主題を明らかにし（主題・見出し）、④証人が体験した出来事の場面・場所を描写する事実を語らせたうえで（舞台設定）、⑤証人が体験した出来事の動作を語らせて（動作）、⑥最後に、証言の鍵となる事項を語らせる（エンディング）、という手法が提唱されている。

(2) 検察官による反対尋問

弁護人のケース・セオリーに含まれる事実を証言した証人は、検察官の

---

10 高野＝河津前掲注5、第5章参照。

反対尋問に耐えて、裁判官と裁判員に信用される必要がある。弁護人は、証人が体験した被告人に不利な事実や証人自身の信用性を減殺するような事実についても事前に十分に聴取し、反対尋問に備えなければならない。場合によっては、主尋問において、あらかじめ証人に不利益な事実を語らせることも考えられる。

検察官による反対尋問において、弁護人は、検察官の不適法な尋問に対し、適切に異議を申し立てる必要がある。

(3) 弁護人による再主尋問

弁護人は、検察官による反対尋問に現れた事項及びこれに関連する事項について、再主尋問を行うことができる（刑訴規199条の7）。検察官の反対尋問により主尋問における証言の信用性が減殺された場合において、信用性を回復する事情があるときは、再主尋問でその事情を尋ねるべきである[11]。そのためにも、証人が体験した事実を十分に聴取し、把握しておくことが必要である。

(4) 裁判官及び裁判員による補充尋問

裁判官及び裁判員による補充尋問において、弁護人は、不適法な尋問に対し、適切に異議を申し立てる必要がある。裁判員の尋問に異議を申し立てるときは、その尋問が許されない理由につき、特に丁寧な説明を心がけるべきである。

3 書面や物の提示・利用
(1) 書面又は物の提示
ア 成立、同一性その他これに準ずる事項

書面又は物に関しその成立、同一性その他これに準ずる事項について証

---

11 高野＝河津前掲注5、第11章参照。

人を尋問する場合において必要があるときは、その書面又は物を示すことができる（刑訴規199条の10第1項）。この場合は、記憶喚起のための書面等の提示や図面等の利用の場合と異なり、裁判長の許可を受けることは必要とされていない。証人に示す書面又は物が証拠調べを終ったものでないときは、相手方に異議がないときを除き、あらかじめ相手方にこれを閲覧する機会を与えなければならない（刑訴規199条の10第2項）。証拠として取調べ請求をしていない書面又は物も、示すことが可能である。

「これに準ずる事項について証人に尋問する場合」とは、例えば、凶器の刃こぼれや衣類の汚点について説明を求める必要がある場合に、その刃こぼれや汚点を証人に示して尋問することをいうと考えられている[12]。近時、電子メールやSNSを示してその記載内容につき尋問する必要がある事案が増加しているが、それらを含め、文書を示してその記載内容につき尋問する場合も、「準ずる事項について証人に尋問する場合」に含まれると考えられる。これに対し、証人の失われた記憶を喚起して供述を得る目的で文書を示すときは、刑訴規199条の11によることになる。

イ 自己矛盾供述

証人が主尋問において供述録取書における供述と矛盾した証言をした場合、当該供述録取書に含まれる自己矛盾供述は「公判期日における…証人その他の者の供述の証明力を争う」（刑訴法328条）証拠となる。公判前整理手続に付された事件でも、当該供述録取書は「やむを得ない事由」があるものとして取調べ請求をすることが可能であるが、公判中心主義の観点から、改めて書証として請求するのではなく、公判の場でその供述を弾劾する方策を講ずるのが望ましいと考えられている[13]。反対尋問で供述録

---

12 財団法人法曹会編『刑事訴訟規則逐条説明　第2編第3章　公判』（法曹会、1989年）106頁。
13 伊丹俊彦＝合田悦三編『逐条実務刑事訴訟法』（立花書房、2018年）920頁。

取調書を示して弾劾することは、刑訴規199条の10第1項の「書面…の成立…について証人を尋問する場合において必要があるとき」に含まれる[14]。最判平成18年11月7日刑集60巻9号561頁は、「刑訴法328条は、公判準備又は公判期日における被告人、証人その他の者の供述が、別の機会にしたその者の供述と矛盾する場合に、矛盾する供述をしたこと自体の立証を許すことにより、公判準備又は公判期日におけるその者の供述の信用性の減殺を図ることを許容する趣旨のものであり、別の機会に矛盾する供述をしたという事実の立証については、刑訴法が定める厳格な証明を要する趣旨であると解するのが相当である。」「刑訴法328条により許容される証拠は、信用性を争う供述をした者のそれと矛盾する内容の供述が、同人の供述書、供述を録取した書面（刑訴法が定める要件を満たすものに限る）、同人の供述を聞いたとする者の公判期日の供述又はこれらと同視し得る証拠の中に現れている部分に限られるというべきである。」と判示している。したがって、「別の機会に矛盾する供述をしたという事実」について厳格な証明をするために、「刑訴法が定める要件」である署名及び押印と「矛盾した供述」を示して尋問することは、書面の成立について証人を尋問する場合において必要がある場合にあたることになる。

　「別の機会に矛盾する供述をしたという事実」を証明するためには、主尋問における供述を再確認した上で、それと矛盾する別の機会の供述の存在を明らかにする必要がある。さらに、主尋問における供述の信用性を減殺するためには、その別の機会の供述が信用すべき状況で行われたことを明らかにし、かつ主尋問における供述がそれと矛盾していることを明確にすべきである。証人は、自らの主尋問における供述の信用性を否定されまいとするのが通常であるから、弾劾の意図を悟られる前に、矛盾がわかりやすくなるように主尋問における供述を再確認し、別の機会の供述が信用すべき状況で行われた事実を認めさせる必要がある。そこで、まず、①主

14　伊丹俊彦＝合田悦三編『逐条実務刑事訴訟法』（立花書房、2018年）920頁参照。

尋問における供述を再確認して肩入れさせ（Commit）、次に、②過去の供述が信用すべき状況で行われたことを認めさせた上で（Credit）、③供述録取書の該当箇所を提示して過去の供述内容が記載されていることを認めさせる（Confront）、というのが、自己矛盾供述による弾劾の基本的な手法となる。

　証人が主尋問において供述録取書においては欠落している事実の供述をした場合、「その事実を含む供述」と「その事実の欠落した供述」が内容的に「矛盾する」と評価できるときに、上記の自己矛盾供述と同様に、供述録取書を提示して弾劾すべきことになる。重要性の低い事実が欠落していたとしても、それは「矛盾する供述」とは評価されないであろう。これに対し、主尋問における「その事実を含む供述」と、別の機会にした「その事実の欠落した供述」が、内容的に「矛盾する供述」であるときは、別の機会に矛盾する供述をしたという事実について厳格な証明をするために、当該供述録取書を提示して尋問し、「その事実の欠落した供述」をしたことを証人自身に認めさせることが必要であることになる。

　　ウ　調書への添付
　刑訴規199条の10又は同199条の11に基づいて提示された書面は、同規則49条に基づいて公判調書中の証人尋問調書又は被告人供述調書に添付され得るが、添付されたことをもって独立の証拠となり、あるいは当然に証言又は供述の一部となるものではない（最決平成25年2月26日刑集67巻2号143頁）。提示した書面の内容を証拠とするためには、証人又は被告人に提示するにとどまらず、その内容を供述させるか、独立した証拠として取調べ請求をして採用決定を得ることが必要である。

　(2)　記憶喚起のための書面等の提示
　証人の記憶が明らかでない事項についてその記憶を喚起するため必要があるときは、裁判長の許可を受けて、書面又は物を示して尋問することが

できる（刑訴規199条の11第1項）。ただし、示すことができる書面については、条文上、「供述を録取した書面を除く。」ものとされている。その趣旨は、その提示が証人に対して不当に影響を及ぼすおそれがあることを考慮したためであり、特に、捜査機関の作成した供述録取書については、これを示されると、捜査過程において録取された供述内容を既定のものとして受容することなどにより、証人が正確な供述を試みることをあきらめ、安易に書面の内容を承認するようになる危険があることにある[15]。除外されているのは「録取された書面」であるから、供述者自身が作成した供述書を示すことは妨げられない。記憶喚起のために書面を提示するにあたっては、書面の内容が証人の供述に不当な影響を及ぼすことのないように注意しなければならない（刑訴規199条の11第2項）。証人に示す書面又は物が証拠調べを終ったものでないときは、相手方に異議がないときを除き、あらかじめ相手方にこれを閲覧する機会を与えなければならない（刑訴規199条の11第3項、199条の10第2項）。証拠として取調べ請求をしていない書面又は物も、示すことは可能である。

　自己矛盾供述の記載された供述録取書等につき、刑訴規199条の10による提示を許さず、同規199条の11による裁判長の許可に基づく提示を認める運用をしている裁判体もある。このような運用は「供述を録取した書面を除く。」という明文に反することになるが、自己矛盾供述の存在について証人等に記憶を喚起させるために提示等する場合には、証人が正確な供述を試みることをあきらめ、安易に書面の内容を承認するようになる危険はないから、規制は及ばないと考えられている[16]。このような運用を前提とした場合、①主尋問における供述を再確認して肩入れさせ、②過去の供述が信用すべき状況で行われたことを認めさせた上で、供述録取書を示すことなく記載されている内容の供述をしたことを質問し、証人がこれ

15　財団法人法曹会編・前掲注12、106頁。
16　伊丹俊彦＝合田悦三編『逐条実務刑事訴訟法』（立花書房、2018年）920頁。

を否定し、又は記憶がないと証言したときに、裁判所の許可を得て、供述録取書を提示し、その記載内容を認めさせ、その記載内容どおりの供述をした事実を認めさせる尋問をすることになる。

(3) 図面等の利用

証人の供述を明確にするため必要があるときは、裁判長の許可を受けて、図面、写真、模型、装置等を利用して尋問することができる（刑訴規199条の12第1項）。証人が動作によって状況を再現することも、刑訴規199条の12第1項が条文上の根拠となり得る[17]。近年は、法廷ITシステムを利用した尋問も一般的になっている[18]。

同条項の場合は、「示す」だけではなく、「利用して」尋問することが許される。利用する図面等が証拠調べを終ったものでないときは、相手方に異議がないときを除き、あらかじめ相手方にこれを閲覧する機会を与えなければならない（刑訴規199条の12第2項、199条の10第2項）。証拠として取調べ請求をしていない図面等も、利用することが可能である。

図面等を利用することができるのは、「証人の供述を明確にするため必要があるとき」であるから、まず、口頭で「証人の供述」がなされて、それを明確にする必要があることが前提となる。図面等を先に示して証言をさせることは、主尋問では許されない誘導尋問となるから、注意が必要である。

---

[17] 刑訴規199条の12第1項の「利用して尋問することができる」には問い及び答えが口頭でされる通常の尋問以外の形式がすべて含まれると解する見解と、刑訴法304条にいう「尋問」には動作によって供述する場合も含まれており、これが動作による再現の根拠になるが、その際に物等を用いる場合に刑訴規199条の12の規制が及ぶと解すべきとする見解とがある（細谷泰暢「尋問等の際の動作による再現」判タ1318号15頁（2010年））。

[18] 趙誠峰「法廷ITシステムを利用した専門家証人尋問」季刊刑事弁護84巻37頁（2015年）。

証人が動作によって状況を再現したときや、証人が法廷ITシステムを利用するなどして図面に記入したときは、これを記録化する必要が生じる。写真撮影をしたり、法廷ITシステムを利用して印刷したりするなどして、刑訴規49条に基づき、調書にこれを添付することを求めるべきである。

◆ Column
証人保護に関する制度への対応

1　はじめに

2000年及び2016年の刑訴法改正により、証人尋問等における証人保護のための制度が設けられた。制度の運用によっては、被告人の反対尋問権をはじめとする被告人の権利が制約される可能性があるので、留意が必要である。

2　証人尋問における証人保護制度

2000年の刑訴法改正により、証人尋問における証人の負担を軽減するための措置として、証人の付添人（刑訴法157条の4）、証人と被告人との間の遮へい措置（同157条の5第1項）、証人と傍聴人との間の遮へい措置（同157条の5第2項）及びビデオリンク方式による尋問（同157条の6）に関する各規定が新設された。これらのうち、証人と被告人との間の遮へい措置及びビデオリンク方式による尋問は、いずれも被告人の反対尋問権（憲法37条2項）に、証人と傍聴人との間の遮へい措置は公開の裁判を受ける権利（同条1項）に抵触し得る。

(1)　証人と被告人との間の遮へい措置

憲法37条2項が保障する反対尋問権には、証人の供述を耳で聞くだけではなく、証人の表情や姿勢、供述態度を視覚的にも認識することも

含まれる[19]。証人と被告人との間に遮へい措置を講じられると、被告人は、証人と面と向かって対決する権利を侵害される上、証人の供述態度を観察して効果的な反対尋問を行うことを否定される[20]。

また、被告人と証人との間に衝立が設けられることにより、裁判官と裁判員に不当な予断偏見が生じ得る。例えば、犯人性を争う事件で、被告人と被害者証人との間に遮へい措置が講じられた場合、裁判官と裁判員は、被告人が犯人である、被告人が危険な人物であるという偏見を抱く危険がある。

こうした問題があるにもかかわらず、証人と被告人との間の遮へい措置は、実務上安易に採用されている。被害者だけではなく、目撃者、さらには共犯者についても遮へい措置を採るよう検察官が申し入れ、裁判所が安易に採用する例も指摘されている。弁護人としては、証人と被告人との間の遮へい措置が被告人の反対尋問権を制約することを十分に認識し、積極的に異議を述べるべきである。

証人と被告人との間の遮へいの要件は、証人が被告人の面前で証言する場合に、①圧迫を受け精神の平穏が著しく害されるおそれがあると認められること、及び②相当性が認められることである。裁判所は、その際、犯罪の性質、証人の年齢、心身の状態、被告人との関係その他の事情を考慮して判断する。①について、検察官の申出の中には、個別具体的な事実が記載されないまま、一般的・抽象的な不安を理由とするもの

---

19 松尾浩也他編『逐条解説犯罪被害者保護二法』(有斐閣、2001年) 15頁以下は、証人と被告人との間の遮へい措置について、「遮へいのため被告人が証人の供述態度や表情を直接観察するという証人審問権の一要素が欠落せざるを得ない側面をどのように考えるかという問題が生じる」と指摘している。

20 最決平成17年4月14日刑集59巻3号259頁は、遮へい措置が講じられても、被告人は供述を聞くことができ、自ら尋問することもでき、かつ弁護人による証人の供述態度等の観察は妨げられないことを挙げ、被告人の証人審問権は侵害されていないと判断した。

がある。検察官が遮へい措置の採用を求める場合には、必ずその意見書を入手して、検察官の意見を把握し、検察官が具体的な事実に基づいて上記の要件を疎明しない場合には、遮へい措置の採用が不相当である旨の意見を述べる。

(2) 証人と傍聴人との間の遮へい措置

証人と傍聴人との間の遮へい措置は、証人と傍聴席との間に衝立を設置する制度である。被告人との間の遮へい措置と併用されることがある。

憲法37条1項は、刑事被告人に公開裁判を受ける権利、具体的には、「傍聴人に対して裁判の手続を見聞する権利が保障された裁判」すなわち「公衆によってその公正さを監視する機会を保障された刑事裁判」を受けることを保障する。証人と傍聴人との間の遮へい措置は、被告人の公開の裁判を受ける権利に抵触し得る[21]。弁護人は、証人と傍聴人との間の遮へい措置についても、積極的に異議を述べるべきである。

証人と傍聴人との間の遮へい措置の要件は、犯罪の性質、証人の年齢、心身の状態、被告人との関係その他の事情を考慮し、相当と認められることである。

(3) ビデオリンク方式による証人尋問

ビデオリンク方式による証人尋問とは、性犯罪等の一定の犯罪類型の被害者等に対する証人尋問において、訴訟関係者が在席する場所以外の場所に証人を在席させ、映像と音声の送受信により相手の状態を相互に認識しながら通話できる方法（ビデオリンク方式）によって尋問する場合をいう。刑訴法157条の6第1項は、証人尋問のために在籍する場所

---

[21] 前掲最決平成17年4月14日は、証人と傍聴人との間に遮へい措置が講じられたとしても、審理が公開されていることに変わりはないとして、憲法37条1項及び82条に反しないと判断した。

以外の場所として、その裁判所の同一構内であることを定める。2016年刑訴法改正により同条第2項が新設され、一定の要件を満たす場合に、同一構内以外にある場所（尋問に必要な装置の設置された他の裁判所の構内にある場所〔刑訴規107条の3第1項〕）に証人を在席させてビデオリンク方式による尋問を行うことが認められた。

　ビデオリンク方式による証人尋問は、証人と被告人との間の遮へい措置と同様、被告人と証人が互いに顔を合わせないという点で、被告人の対決権を制約する。加えて、証人が法廷に在席していないため、反対尋問中に書面や物を示すこと（刑訴規199条の10ないし12参照）が困難になるという問題がある。実際には、証人尋問中に証人と同じ場所に同席する裁判所職員が、弁護人が示そうとする書面や物と同じものを示すことになる。裁判所は、示すものを事前に提出するよう求めることが多い。特に同一構内以外の場所で証人が証言する場合には、事前に提出していない書面や物を示す場合に著しい困難が生じる。

　ビデオリンク方式による同一構内尋問の要件は、①証人が、性犯罪等の一定の犯罪類型の被害者であること、又は②犯罪の性質、証人の年齢、心身の状態、被告人との関係その他の事情により、訴訟関係者等が証人を尋問するために在席する場所において供述するときは圧迫を受け精神の平穏を著しく害されるおそれがあると認められる場合であって、かつ相当性が認められることである。同一構内以外の場所におけるビデオリンク方式による証人尋問について、刑訴法157条の6第2項各号は、同一構内への出頭又はそれに伴う移動に際して証人に生じる負担がある場合を定める。

3　氏名・住居秘匿措置

　証人等（証人、鑑定人、通訳人若しくは翻訳人）の尋問を請求する場合には、相手方に対し、その氏名及び住所をあらかじめ知らせなければならないのが原則である（刑訴法299条1項）。当事者対等原則の下では、

対立当事者に対して、請求する証拠方法について事前に知らせ、弾劾や反証をはじめ防御の機会を与えることが求められる。証人についても、対立当事者に氏名と住所を事前に知らせることにより、証人にアクセスする機会が保障されている。

2016年改正刑訴法299条の4は、この原則の例外として、一定の要件の下で、検察官が開示制限措置を講じることができることとした[22]。

まず、刑訴法299条の4第1項は、「証人等またはその親族に加害行為等がなされるおそれがあることを要件として、弁護人には証人等の氏名及び住居を開示した上で、被告人に知らせてはならないことを条件とし、又は被告人に知らせる時期若しくは方法を指定する措置を採ることを認める。もっとも、開示に条件等が付されることにより、証人等の「供述の証明力の判断に資するような被告人その他の関係者との利害関係の有無を確かめることができなくなるときその他被告人の防御に実質的な不利益を生ずるおそれがあるとき」は、加害行為等のおそれがある場合であっても除外される。

証人等の供述の証明力を争うためには、証人の利害関係や偏見、予断等証人の信用性に関する事項について調査し、反対尋問で明らかにすることが求められる（刑訴規199条の6）。証人の氏名や住居といった情報は、証人の利害関係等を調査するための基本的な情報であり、被告人に知らせた上で、証人について関連する知識を有しているか確認する必要が生じ得る。証人等の供述の証明力に争いがある場合において被告人に知らせてはならない旨の条件を付すことは、「被告人の防御に実質的な不利益を生ずるおそれ」を否定できないというべきである。

次に、刑訴法299条の4第2項は、前記の同条第1項による開示条件

22　最決平成30年7月3日裁判所時報1703号1頁は、検察官の開示制限措置を定める法299条の4及び299条の5は、被告人の反対尋問権を保障する憲法37条2項前段に反しないと判断した。

等を付する措置によっては加害行為等を防止できないおそれがあることを要件として、被告人のみならず弁護人に対しても証人等の氏名又は住居につき不開示措置をとることを認める。この場合、代替措置として、氏名に代わる呼称や住居に代わる連絡先を知る機会が与えられなければならない。

　弁護人にのみ証人の氏名や住所を知らせるという開示条件措置によっても加害行為等を防止できないおそれがある場合とは、弁護人が条件等に違反し、あるいは加害行為等に加担するおそれがあるという極めて例外的な状況というべきである。弁護人に対する氏名又は住居の不開示措置についても、「被告人の防御に実質的な不利益を生じるおそれがある場合」が除外事由として定められている。被告人及び弁護人に対して氏名・住居を不開示とすることにより、被告人の防御に実質的な不利益を生じるおそれがある場合には、加害行為等のおそれと比較衡量するまでもなく許されない。

　さらに、検察官は、刑訴法299条第1項により証拠書類又は証拠物を閲覧する機会を与えるべき場合において、これらの証拠に氏名又は住居が記載されている証人等に対し加害行為等がなされるおそれがあると認めるとき、同法299条の4第1項及び第2項と同じ措置を採ることができる（刑訴法299条の4第3項）。

　検察官が、証人等の氏名・住居の開示に条件を付し、あるいは不開示措置をとった場合、被告人又は弁護人は、裁判所に対してその取消しを請求できる（刑訴法299条の5第1項）。各措置がその要件を満たすこと及び除外事由の不存在については、検察官が疎明責任を負う。しかし、弁護人も、防御に実質的な不利益を生じるおそれがあること等を積極的に反証すべきである。

　裁判所の決定に対しては即時抗告をすることができる（刑訴法299条の5第4項）。

Ⅶ 被告人質問

1 はじめに

被告人質問は、「被告人の言い分を聞く手続」と理解されがちである。しかし、その理解は正しくない。被告人質問も「証拠」の一つであり、被告人にとって有利にも不利にも扱われるのは当然である。したがって、ケース・セオリーを意識して、被告人質問を行うか否かを判断し、その内容を検討する必要がある。

2 被告人質問を行うか否かの判断

被告人質問は義務ではない。被告人には黙秘権があるのであり、弁護人は、被告人質問を行うかどうか、判断をする必要がある。被告人質問は、目標とする判決を実現するために、その必要があるときに行うべきものである。ケース・セオリーに含まれ、目標とする判決を実現するために立証する必要のある事実の中に、被告人供述によってしか立証できない事項がある場合には、被告人質問を行うべきこととなる。捜査段階で被告人の現在の認識とは異なる供述調書が作成されてしまっている場合、供述調書の記載は事実と異なることを説明するために、被告人質問を行うべきこともある。これに対し、被告人供述以外の証拠によってケース・セオリーが十分に証明できており、被告人が説明することを要する証拠も存在しないときは、被告人質問を行う必要性は小さくなる。被告人質問を行うリスクが必要性を上回るときは、被告人質問を行わない選択肢が有力となる。

被告人質問を行うリスクとしてまず考えられることは、被告人が反対質問にさらされることである。検察官の反対質問に対して十分な供述をすることができなければ、被告人供述の信用性は大きく減殺される。心証形成上の影響はそれにとどまらず、被告人供述以外の証拠によって立証できたはずの事実が崩されてしまうこともある。被告人質問を行い、被告人供述

の信用性に疑問を持たれた結果、検察官は合理的な疑いを差し挟む余地のない程度の証明をできていないのに、被告人を信用することができないことをもって、有罪とされるリスクもある。被告人は信用することができないという誤った確信を抱いた者は、有罪とすることについての「疑い」は合理的でないと判断しようとするであろう。

　被告人質問を行うか否かを判断するにあたっては、被告人供述の信用性判断についての裁判所の傾向を意識せざるを得ない。証人の証言内容と被告人の供述内容が対立したとき、被告人供述の信用性が肯定されることは極めて稀である。検察官請求証人の証言の証拠との不整合や変遷は信用性を左右しなくても、被告人供述については、しばしば「到底信用することができない」理由とされている。他方で、被告人質問を行わず、公判廷で黙秘をすることにも、当然リスクがある。法律上は、黙秘をした事実から被告人に不利益な推認をすることは許されないが、現実には、「都合が悪いから供述できないのだろう」と受け取られ、それが他の証拠の評価や「疑い」の合理性の判断に影響する可能性のあることは否定できない。このことも、被告人質問を行うか否かを判断する際の考慮事情となる。

　重要なのは、目標とする判決を実現するために、これらの利害得失を十分に検討して、被告人質問を行うかどうかを判断することである。

3　黙秘権行使の方法

　被告人が公判廷において黙秘権を行使して供述しないこととした場合、被告人質問を実施させないことが肝要となる。被告人に対し個々の質問がなされ、被告人が「黙秘します」と答え続ける手続では、黙秘権が保障されたことにはならない。被告人が黙秘権を行使する意思を明確にした後は、質問をさせてはならない。検察官は、被告人に黙秘権があるとしても、検察官には質問権がある旨の意見を述べることがある。しかし、黙秘権を行使する意思を明確にしている被告人に対し、質問を浴びせ、それを事実認定者に見せようというのは、不利益推認を期待したものであることが明ら

かであり、違法というべきである。

4　被告人質問先行型の運用

　事実関係に争いがない事件において、捜査段階の被告人供述調書が存在する場合、検察官は当該供述調書を乙号証として取調べ請求する。それに対して、当該供述調書の採否を留保した上で被告人質問を実施し、被告人質問の結果を踏まえて当該供述調書の必要性を判断し、必要がなければ供述調書の請求を却下する（あるいは検察官が撤回する）という運用が各地で行われている。このような運用を「被告人質問先行型」と呼ぶことがある。

　弁護人としては、被告人質問において、ケース・セオリーを意識しつつ供述してもらう方が、捜査官が作成した供述調書の朗読よりも望ましいことが多い。そのような場合は、被告人供述調書の請求に対し、不同意意見を明らかにしたうえで、被告人質問を先行して実施することを求めることになる。一方、事案によっては、犯罪事実を被告人に供述させるよりも、供述調書の朗読に委ねた方が適切な場合もある。そのような場合には、被告人供述調書に同意することも考えられる。

　「被告人質問先行型」の審理は、裁判員裁判においては被告人質問を実施するほとんどの事件で実施されており、裁判員裁判以外の事件においても、弁護人の求めに応じて採用されることが多い。

　なお、被告人質問先行型で行ったとしても、犯罪事実の核心部分や量刑上重要な事実について被告人が十分に供述することができなかったときは、被告人供述調書が刑訴法322条1項書面として請求され、採用される可能性が大きくなる。

VIII 公判における証拠の採否

1 公判において証拠の採否が決定される場合

公判前整理手続に付される事件では、検察官、弁護人ともに原則として公判前整理手続が終結するまでに証拠請求しなければならず（刑訴法316条の32）、公判前整理手続の中で証拠の採否の決定もなされる。それでも公判前整理手続の中では採否を決することができず、公判においてその採否が決せられる場合がある。例えば、弁護人が関連性を争う意見を述べた証拠物、違法収集証拠の主張をしている事件における鑑定書等の証拠、不利益事実の承認を含む被告人の供述調書、証人の刑訴法321条1項1号・2号書面などである。

2 証拠弁論

これらの証拠は公判における証人尋問の内容を踏まえ、証拠の採否が判断されることとなる。証拠決定するにあたっては、裁判所は弁護人の意見を聴かなければならないとされており（刑訴規190条2項）、弁護人は証拠調べの結果に基づき証拠の採否について改めて意見を述べることができる。このような証拠の採否についての意見のことを「証拠弁論」と呼ぶことがある。

違法収集証拠の主張をしている事件や、自白の任意性が争いになる事件などにおいては、これらの証拠の採否が有罪無罪の結果に直結することも珍しくない。そのような場合、証人尋問や被告人質問などの証拠調べの結果を踏まえた証拠弁論は非常に重要であり、ここで説得力のある十分な意見を述べて証拠採用を全力で阻止することとなる。捜査段階の供述や捜査資料については、公判中心主義の観点からも、安易に証拠採用すべきでないことを論じるべきである。

また、とりわけ裁判員裁判において証拠弁論をする場合には、最終弁論

を行うのと同じように、裁判員に対してもわかりやすい言葉で弁論をする必要がある。証拠の採否（証拠能力の判断）は裁判官の専権事項であるが（裁判員法6条）、このような事項であっても裁判員が審理に立ち会うことを許容し（同法60条）、その構成裁判官による評議も裁判員が傍聴し、裁判員の意見を聴くことができる（同法68条）と規定されている趣旨からしても、裁判員も意見を述べることがあり得ることを前提に、裁判員をも説得することを心がけて弁論するべきである。

3　刑訴法321条1項2号書面

公判における採否がよく問題になるのが、証人の検察官調書が刑訴法321条1項2号書面として請求される場合である。

従来の裁判では証人が供述調書と少しでも異なる証言をした場合には、検察官はすぐに2号書面を請求し、裁判所も採用する場面が多々あった。近年、検察官が2号書面を請求するケースは少なくなり、裁判所が「必要性」を否定して却下する例もみられるようになった。

また、証人が国外に退去したなどの事情で供述不能となった場合の、いわゆる「供述不能」要件の判断については、裁判所もより厳格に判断する傾向がある。国外退去した証人の検察官調書の証拠能力について、最判平成7年6月20日刑集49巻6号741頁は「検察官において当該外国人がいずれ国外に退去させられ公判準備又は公判期日に供述することができなくなることを認識しながら殊更そのような事態を利用しようとした場合はもちろん、裁判官又は裁判所が当該外国人について証人尋問の決定をしているにもかかわらず強制送還が行われた場合など、当該外国人の検察官面前調書を証拠請求することが手続的正義の観点から公正さを欠くと認められるときは、これを事実認定の証拠とすることが許容されないこともあり得る」としていた。その後、上記最判を引用した東京高判平成20年10月16日について、東京地判平成26年3月18日判タ1401号373頁は、「退去強制となった供述者の検察官調書を証拠として採用する前提として、検

察官のみならず、裁判所はもとより入国管理当局を含めた関係国家機関が、当該供述者の証人尋問を実現するために、相応の尽力をすることを求めているものと解される」と判示し、国家機関に相応の尽力がなければ伝聞例外として証拠能力を認めない方向の判断が示されている。したがって、証人の国外退去が見込まれるケースでは、これらの裁判例を意識し、検察官をはじめとする国家機関に証人尋問実現のための相応の尽力を求め、既に証人が国外退去してしまった場合には、相応の尽力がなされたかどうかという観点から主張、立証することになる。

　2号書面については、刑事免責制度との関係も問題となり得る。従来、共犯者証人が、自らが刑事訴追を受け、又は有罪判決を受けるおそれがある事項であることを理由に証言拒絶権（刑訴法196条）を行使した場合、検察官が証言不能を理由に当該証人の検察官調書を証拠請求し、採用されることが少なくなかった[23]。しかし、検察官は証人尋問を実現するために相応の尽力をすべきであるとするならば、当該共犯者が既に不起訴処分を受けているような場合には、検察官は刑事免責請求をして証言を得るための尽力をすべきであり、検察官調書に証拠能力を認めるのは違法である旨の意見を述べることも考えられる。

　2号書面のいわゆる「相対的特信性」の要件については、裁判所がこれを否定することが未だ多いとはいえない。反対尋問において、従前の検察官の前での供述よりも、公判における証言の方が信用できるというべき事情を丁寧に顕出し、証拠弁論で説得的に述べるようにすべきである。

---

[23] なお、東京高判平成30年3月30日東京高裁判決時報（刑事）速報平成30年6番は、供述不能とは「一時的な供述不能では足りず、当該証人の証言拒絶の意思が固く、合理的な期間内に証言を得られる見込みがないとき」とし、公判廷で証言拒絶をしたとしても、合理的な期間内（例えば既に予定されている自らの公判終了後などが考えられる）に証言を得られる見込みがある場合には、供述不能要件は満たさないとの判断を示している。

IX　論告・弁論

1　検察官の論告

証拠調べが終わった後、検察官は、事実及び法律の適用について意見を陳述しなければならない（刑訴法293条1項）。これが、実務上、論告と呼ばれている。

検察官は、冒頭陳述において、「証拠により証明すべき事実」として、その主張を明らかにしている（刑訴法296条）。論告においては、証拠調べの結果を踏まえて、その主張を補充・修正することが予定されている。特に、「事実」には含まれない証拠評価や法律の適用についての意見は、論告で陳述されることが想定されている。そして、実務上、検察官の求刑意見は、論告で初めて明らかにされる運用が定着している。

論告は、証拠調べ後できる限り速やかに、これを行われなければならない（刑訴規211条の2）。論告をするにあたり、争いのある事実については、その意見と証拠との関係を具体的に明示して行わなければならない（刑訴規211条の3）。

論告において、証拠に基づかない意見が述べられたときは、的確に異議を申し立てるべきである。論告でも、視覚資料が用いられたり、書面が配布されたりすることもあるが、これらの内容も、異議申立ての対象となる。

2　弁護人の弁論

(1)　はじめに

証拠調べが終わった後、被告人又は弁護人は、意見を陳述することができる（刑訴法293条2項）。これが弁論であり、特段の事情がない限り、被告人ではなく、法律家である弁護人が、その意見を陳述すべきである。

弁護人も、冒頭陳述において、その主張を明らかにしている（刑訴法316条の30）。弁論においては、証拠調べの結果及び検察官が陳述した論

告の内容を踏まえて、その主張を補充・修正することが予定されている。特に、証拠評価についての意見は、弁論で陳述されることが想定されている。検察官の求刑意見が論告で明らかにされることに対応して、弁護人が科刑意見を述べるときは、弁論において述べられることが多い。

弁論も証拠調べ後できる限り速やかに、これを行われなければならず(刑訴規211条の2)、裁判員裁判では、論告の終了後、直ちに又は短時間の休憩の後に、行われることが多い。弁論をするにあたっては、争いのある事実については、その意見と証拠との関係を具体的に明示して行わなければならない(刑訴規211条の3)。

(2) 弁論の目的

公判における弁護活動の目的は、目標とする判決を実現することである。目標とする判決を実現するためには、裁判員及び裁判官の過半数が、評議を経た上で、その判決をすることに賛成する必要がある。したがって、弁護人の弁論の目的は、評決において、目標とする判決をすることに過半数が賛成するよう、裁判員及び裁判官を動機付け、かつ、評議において目標とする判決を導く議論の根拠を提供することである[24]。

(3) 弁論の内容

弁論の内容は、ケース・セオリーに基づくものであることは、冒頭陳述と同様である。目標とする判決をすべき理由となる証拠・事実・法令・論理を語ることになる。証拠調べを経た結果、ケース・セオリーが修正されていることもあるであろう。

弁論で、冒頭陳述の内容を繰り返すべきではない。事実については、冒頭陳述でストーリーを語り、証人や被告人も語っているのであるから、これを単に繰り返すのは無益である。弁論では、事実を争点や証拠ごとに整

---

24 高野＝河津前掲注5、第14章参照。

理して語るのが適切である。

　冒頭陳述のときと異なり、裁判官と裁判員は既に証拠を見聴きしているのであるから、証拠や証言の内容を具体的に引用すべきである。評議において、目標とする判決を実現するうえで重要な証拠が不当に軽視されることのないよう、効果的な示し方を工夫する必要がある。

　冒頭陳述のときと異なり、既に証拠を見聴きしている裁判官と裁判員は、証拠の証明力等の議論を理解することが可能であり、そうした議論こそが、評議において目標とする判決を導くために必要である。目標とする判決を導く証拠の証明力を肯定する論理、目標とする判決を妨げる証拠の証明力を否定する論理、目標とする判決をすることの正当性を支える論理を語るべきである。それらの論理は、弁護人自身にとって一貫しているだけでは足りず、裁判官及び裁判員の過半数の感情や核となる信念と合致するものであることが重要である。語ろうとする論理がそれらと合致するものかどうかを事前に測る方法としては、リハーサルをして、感想を聴くことが有効である。

　法令への言及や、解釈、適用や合憲性についての議論は、目標とする判決を実現するために必要があるときに、すべきである。例えば、正当防衛や心神喪失を主張するときは、法律の文言を引用し、意味を説明し、必要に応じて判例も引用するなどして議論をすべきことが少なくない。法令の説明や議論は、法律家ではない裁判員にも理解できるようにする必要がある。法令を語るときも、証拠調べの結果を踏まえて語るのが適切である。無罪を主張する事件において、「合理的な疑いを差し挟む余地のない程度の立証」という証明基準は、その判決の正当性の重要な根拠であるから、弁論でも語るべきであるが、証拠調べの結果を踏まえて、有罪とすることについての「疑問」の内容を、より具体的に示すべきである。

　人の自然な心理として、法律的・論理的に正しいだけではなく、感情的にも正しい判決をしようとすることは、弁論においても意識する必要がある。評決において、目標とする判決をすることにつき過半数に賛成しても

らうためには、評議において、目標とする判決をするための議論を優勢に進めてもらわなければならない。そのためには、その議論の根拠を提供するとともに、議論に勝つ動機づけをする必要があり、目標とする判決をすることが、あらゆる意味で正しいということについて、確信を持ってもらうことが目指されるべきである。「合理的な疑いを差し挟む余地のない程度の立証」という証明基準については、「罪を犯していない人を間違って処罰してはならない」という趣旨を強く意識してもらうことが重要である。

　有罪を前提に、一定の量刑の判決を目標としているときは、その科刑意見を明確にし、当該量刑をすべき理由を述べることになる。量刑事件のケース・セオリーについては、量刑評議のあり方についての裁判所の考え方を前提とする場合と、当該事件ではそのような考え方によらずに量刑判断をすべきである旨を内容とする場合とが考えられる[25]。いずれの場合も、目標とする量刑をするよう動機づけ、かつ、評議において当該量刑を導く議論の根拠を提供することが課題となる。

　評議は争点に沿って行われることから、弁論は通常、争点を中心に構成するのがわかりやすいと考えられる。事案によっては、証拠を中心に構成することも考えられるが、その場合も、証拠と争点との関係がわかりやすく伝わるように工夫すべきであろう。

(4) 弁論の方法

　すべての聴き手が耳で聴いて理解できる言葉で語る必要があること、十分な音量、明瞭な発音、聴き取りやすい早さで語る必要があること、簡潔なセンテンスを用いるべきこと、用意した原稿を棒読みするのではなく、聴き手の反応を観察しながら語りかけるべきこと、無目的な動作をすべきでないことは、冒頭陳述と同様である。

　視覚資料を用いながら語りかけることが効果的であることも、冒頭陳述

---

[25] 本書第2章コラム「量刑事件」参照。

と同様である。冒頭陳述と異なるのは、証拠が取調べ済みであるということである。取調べ済みの証拠は、最も効果的な視覚資料となり得る。ケース・セオリーを支える重要な証拠は、弁論において、単に引用するにとどまらず、積極的に視覚資料として活用し、裁判官と裁判員に見せ、聴かせるべきである。もちろん、長時間を費やして証拠調べを繰り返すような弁論は効果的でないが、予定された時間の範囲内で証拠を見せ、聴かせることは、正に証拠に基づいた、裁判員にわかりやすい弁論であり、これを規制する理由はないというべきである。

(5) 書面の配布

弁論の記憶の保持を助け、評議において目標とする判決を導く議論を手助けするために、弁論の記憶を喚起するような書面を配布することが効果的である。書面には、弁論で語った重要な事実、証拠、法令と論理を、裁判員が評議において使いやすいようにわかりやすく、簡潔に、一覧性のある形式で記載するべきである。

◆ Column
裁判員裁判における書面の配布

1 実務慣行の変化

検察官及び弁護人の冒頭陳述、論告及び弁論は、いずれも口頭で行われるべきものである。

裁判員裁判施行前の刑事裁判では、読み上げる内容すべてを記載した書面を準備して、その内容を法廷で読み上げ、読み終わるとその書面を裁判所に提出することが一般的であった。論告及び弁論の書面は、裁判官が裁判官室で読むことを期待して、体系的・網羅的に大量の情報が記載され、法廷では早口で読み上げられることが多かった。

しかし、連日開廷され、集中証拠調べが行われる裁判員裁判において、体系的・網羅的な弁論は不要であり、効果的でもない。また、論告の直後に弁論を行うことになるので、その場で論告に的確に反論を行うことが求められ、事前にすべて書面を準備しておくことはできない。また、大部の書面を裁判員に渡して、後に評議室で読むことを刑事裁判の前提にすることは、直接主義・口頭主義を徹底する裁判員裁判に相応しいプラクティスとはいえない。実際、大部の読み上げ原稿を裁判所に提出しても、それは通常、裁判員に配布されない。

2　裁判員裁判における書面配布の実際
(1)　冒頭陳述
　検察官は、冒頭陳述の際、A4サイズ1枚程度（事案が複雑な場合は、A3サイズであったり、数枚になったりする）の書面を配布する。配布書面には、争点、登場人物、事件に関する時系列、裁判のポイント、証拠との関係性等がレジュメのように整理して記載されている。裁判官及び裁判員はその書面を見ながら、検察官の冒頭陳述を聞く。そして、裁判員は、検察官の配布した書面を常に所持して法廷での審理、あるいは評議にのぞむこととなる。
　弁護人は、検察官の冒頭陳述の直後に、弁護人の冒頭陳述を行うことになる。弁護人の冒頭陳述は、弁護側のケース・セオリーに基づいて、検察官とは異なるストーリーが語られることになる。その際、わかりやすく伝えるために必要があれば、プレゼンテーションソフトや図面等の視覚資料を利用することもある。弁護人も、検察官と同様、A4サイズ1枚程度の用紙に、弁護人が口頭で述べる冒頭陳述の骨子、証拠との関係性等を記載して、冒頭陳述の事前又は事後に配布することは、わかりやすさ及び記憶喚起のために、有効であることが多いと思われる。

(2) 証拠一覧及び尋問メモ

　検察官は、証拠調べの前に、法廷で取調べられる証拠の一覧を配布する。証拠の一覧には、番号（これは、請求証拠番号ではなく、法廷で調べる順番ごとに1から順に番号が振られており、甲番号が併記されている場合とされていない場合がある）、証拠の標目、空白のメモ欄が記載されている。

　検察官は、主尋問の前に、メモを配布することもある。メモには、抽象的な尋問のテーマ（例えば、経歴・鑑定の手順・鑑定結果といったもの）が記載されており、その尋問をメモする必要があれば使ってほしいという趣旨で配布しているようである。尋問中に裁判員が気になる事項をメモしたくなることはあり得るので、そのような場合に備えてメモ用紙を配布することが、直ちに違法とはいえない。しかし、配布されるメモに具体的な事実の記載があれば、証拠でない記載が事実認定者の心証形成に影響することもあり得るので、違法・不相当というべきである。

　弁護人も、被告人質問などでメモ用紙を配布することはあり得るが、あくまで、尋問は聞いてもらうことが重要である。

(3) 論告及び弁論

　検察官は、論告の際、A3サイズ1枚から数枚の資料を配布する。詳細な情報が盛り込まれていることが多く、情報も羅列され、論理構造等もわかりにくいものになっていることが少なくない。検察庁は、見て、わかる審理というよりも、情報過多で、その場で裁判員が理解できなくても、書面さえ出しておけば後で繰り返し読んでもらえるとの不適切なプラクティスを期待しているようにも思われる。

　弁護人は、法廷において、裁判員の共感を得る必要がある。弁論は、口頭で語り、証拠の議論をし、弁護人が目標とする判決に1票を投じてもらうための活動である。そのために、弁論の際に、パネル、ホワイトボード、プレゼンテーションソフト等を使うことも多い。

ただし、論告・弁論では大量の情報に接することになるし、評議が数日間続くことを考えると、評議で、弁論の内容について記憶を喚起しようと思った時に、記憶喚起できる資料があったほうが望ましい。弁論の際にプレゼンテーションソフトを使った場合、その印刷物を配布資料にするのも一つの方法である。また、弁論の内容をわかりやすく、簡潔に整理した配付資料を配付することも、記憶喚起等の意味で効果的である。
　裁判員アンケートをみると、配布資料のわかりやすさの有無についても記載が多い。誤字があったり、配布資料がわかりにくいものであれば、弁護人への信頼が失われることになる。弁護人は、配布資料も含めて、情報源としての信頼性を問われていることを意識する必要がある。

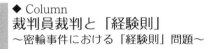
◆ Column
裁判員裁判と「経験則」
～密輸事件における「経験則」問題～

1　覚醒剤密輸事件における「経験則」
　覚せい剤の密輸事件で、東京高判平24年4月4日東京高等裁判所判決時報刑事63巻1～12号48頁は、「この種の犯罪において、運搬者が、覚せい剤密輸組織の者からにしろ、一般人を装った者からにしろ、誰からも何らの委託も受けていないとか、受託物の回収方法について何らの指示も依頼も受けていないということは、現実にはあり得ないというべきである（以下、これを「回収措置に関する経験則」ということがある。なお、このことから直ちに知情性が肯定されるものではない）。」と判示した。上告審である最決平成25年10月21日刑集67巻7号755頁は、上記高裁判決について「例外を認める余地がないという趣旨であるとすれば、経験則等の理解として適切なものとはいえない」としつつも、「密輸組織としては、荷物の中身が覚せい剤であることまで打ち明けるかど

うかはともかく、運搬者に対し、荷物の回収方法について必要な指示等をした上で覚せい剤が入った荷物の運搬を委託するという密輸方法を採用するのが通常であるといえ、荷物の運搬の委託自体をせず、運搬者の知らない間に覚せい剤をその手荷物の中に忍ばせるなどして運搬させるとか、覚せい剤が入った荷物の運搬の委託はするものの、その回収方法について何らの指示等もしないというのは、密輸組織において目的地到着後に運搬者から覚せい剤を確実に回収することができるような特別な事情があるか、あるいは確実に回収することができる措置を別途講じているといった事情がある場合に限られる」と判示した上で、「密輸組織が関与した犯行であることや、被告人が本件スーツケースを携帯して来日したことなどから、被告人は本件スーツケースを日本に運ぶよう指示又は依頼を受けて来日したと認定した原判断は、上記したところに照らし正当である」とした。上記判示が「回収措置に関する経験則」などと呼ばれることになった[26]。

2　「経験則」の問題点[27]

「経験則」には、①そのような「経験則」が本当にあるのかという問題、②「経験則」を前提に事実上の推定をした結果、有罪の推定がなされているという問題、そして、③特に、裁判員裁判では、裁判官が裁判員に「経験則」を事実認定のルールとして説示することで、裁判員の自由心証の権利を奪うという問題等[28]がある。

実際、裁判官が、誤った「経験則」を前提に公判前整理手続で争点及び証拠を整理した結果、事案の個性や証拠を見ることなく裁判を行う弊

26　覚せい剤密輸事件に関する経験則については、髙嶋智光「覚醒剤密輸入（携行型）事件における故意に関する捜査とその立証」『新時代における刑事実務』（立花書房、2016年）119頁に詳しい。

27　「経験則」の問題点については、「『経験則』に気をつけろ！」季刊刑事弁護90号（2017年）に詳しい。

害がある。東京高判平成 28 年 1 月 13 日判タ 1425 号 233 頁は、「公判前整理手続において、当事者の主張する事実の中から被告人の犯意を推認させると考えた要素を抽出し、これらの事実には当事者間に争いがないと整理した上、原判決において、その争いがないと整理した要素を、証拠調べの結果に基づいて認定することなく、所与の前提事実であるかのようにして、被告人の犯意を推認したものと思われる」と判示し、原審を批判しているが、原審裁判官は、高額の報酬約束がある場合には、密輸の故意を推認させるとの「経験則」に基づく主張整理を行っている。本判決は、原審について「原判決の推論は、摘示した要素から『特段の事情がない限り』被告人の犯意が推認されるとすることによって、犯意がないことの立証責任を被告人側に負わせる構造に陥っている疑いもある」と批判しているが、安易に「経験則」を適用したことの問題点が現れた事実認定手法だったように思われる。

---

28 「殺人罪が成立するためには殺意がなければならないといった法律の解釈を、裁判官が裁判員にするのは当然のことです。裁判員法にもそう書いてある（裁判員法 66 条 3 項）し、それは裁判官の専属的な権限（同法 6 条 2 項 1 号）だと思います。しかし、『殺意を認定するためには、例えば殺傷能力ある凶器で身体の枢要部を狙って、攻撃されたという事実があるかどうか。そういう事実があるならば、それは殺意があったと認定すべき、あるいはしていいのです』というのは、これは法律の解釈ではありません。法律の解釈はあくまでも、殺意の定義を述べるだけです。『殺意というのはその行為のときに被告人が、自分の行為が人を殺すという危険性を認識しているということです』と裁判員に向けて言えるだけです。そこからさらに進んで状況証拠の理解と殺意の結びつきを説明することは、明らかに越権行為です。どういう状況証拠（間接事実）があったら殺意が推定されると裁判員に告げることは越権行為であり、裁判員法に明白に違反します（裁判員法 6 条 1 項 1 号、62 条）。それはまた挙証責任を転換してしまっているわけですから、アメリカの連邦最高裁が明言しているように、憲法違反だと思います。」（高野隆ほか「座談会『経験則』の使われ方と問題点」季刊刑事弁護 90 号（2017 年）10 頁〔高野発言〕）。

3 弁護活動上の留意点

「経験則」が問題となるのは、密輸事件だけではない。例えば、刃物で身体の枢要部を刺した場合には殺意があるとか、暴力団組織の上位者と下位者であれば不法行為について暗黙の了解があったはずであるとか、覚醒剤成分が尿から検出された場合には自己使用したとか、さまざまな場面で問題となる。

弁護人としては、「経験則」が問題となる事件では、そもそもそのような「経験則」があるのかどうかを検討し、反証することが必要である。弁論でも、事件に照らし、本件事件では類型化された「経験則」が問題となる事案でないと主張することが必要である。また、事案によっては、裁判員は、裁判官が説く「経験則」に従う必要性はなく、自由心証で判断することができ、事実認定者が従わなければならないルールは、被告人を有罪にするには、合理的な疑いを差し挟む余地のない程度の証明がなされた場合のみであるとの刑事裁判の大原則について弁論で改めて説明することが必要となる。

3 被告人の最終陳述

被告人又は弁護人には、最終に陳述する機会が与えられる（刑訴規211条）。被告人が陳述をするときは、目標とする判決を実現する観点から、適切な内容を簡潔に述べるよう、あらかじめ助言することが必要である。

◆ Column

被害者参加への対応

1 裁判員裁判と被害者参加

被害者等から申出があり、被告人又は弁護人の意見を聴き、裁判所が

相当と認めた場合、被害者等は、被告事件の手続に参加することができる（刑訴法316条の33）。

「死刑又は無期の懲役若しくは禁固に当たる罪に係る事件」や「故意の犯罪行為により被害者を死亡させた罪」は、裁判員裁判となるが（裁判員法2条1項）、「故意の犯罪行為により人を死傷させた罪」については被害者参加の対象事件であり（刑訴法316条の33第1項1号）、殺人罪、傷害致死罪及び危険運転致死罪等の被告事件については、被害者参加があり得る裁判員裁判対象事件である。

2　被害者参加人が行う訴訟行為等

被害者参加人は、公判期日に出席し、公判審理の冒頭から判決に至るまで、法廷内の検察官席の横又は後ろの席にいることができる。他方、被害者参加人は、公判前整理手続及び裁判員選任手続に参加することはできない。

被害者参加人は、「情状に関する事項（犯罪事実に関するものを除く）についての証人の供述の証明力を争うために必要な事項について」、証人尋問を行うことができる（刑訴法316条の36）。また、被害者参加人は、被告人質問を行うことができる（刑訴法316条の37）。証人尋問については、「情状に関する事項」に限られるが、被告人質問については、そのような限定はなく、犯罪事実に関する質問を行うことができる。被害者参加人は、検察官の論告後に、意見陳述を行うことができ、被害者論告（被害者最終意見陳述）などと呼ばれる（刑訴法316条の38）。

なお、上記は被害者参加人の行う訴訟行為であるが、参加の有無にかかわらず、被害者等は「心情その他の被告事件に関する意見の陳述」（心情意見陳述）を行うことができる（刑訴法292条の2）。被害者論告は「事実又は法律の適用」に関する意見の陳述であり、証拠とならないのに対し、心情意見陳述は量刑に関する資料となる（刑訴法292条の2第9項）。

公判期日の出席、証人尋問、被告人質問及び被害者論告については、

被害者等から委託を受けた弁護士がこれらを行うことができる。

3　弁護人の対応

　被害者参加の申出がある場合、裁判所は、「被告人又は弁護人」の意見を聴かなければならない。弁護人は、「犯罪の性質、被告人との関係その他の事情」から、被害者参加が相当ではない事件についてはその旨の意見を述べることになる。

　もっとも、否認している事件であるから不相当であるといった抽象的な事情を述べたところで不相当だと判断されることはなく、不相当な事情を具体的に述べる必要がある。例えば、被害者等が犯罪組織の上位者や常習的なDV加害者であり、被害者等が参加した場合には、被告人が心理的に威圧され法廷で供述することができないといった事情を述べることが考えられる。

　被害者参加人の証人尋問及び被告人質問についても、裁判所は、その相当性について弁護人から意見を聴くことになる。弁護人は、被害者参加人の「尋問事項の内容」（刑訴法316条の36第1項）や「質問をする事項の内容」（同法316条の37第1項）を確認した上で、意見を述べる。弁護人は、尋問（質問）が相当であるとして尋問（質問）が行われる場合でも、被害者参加人の個々の尋問（質問）が違法・不相当なものでないかを確認し、違法・不相当な尋問（質問）であれば個々の尋問（質問）について異議を申し立てることになる。

　被害者論告については、基本的には弁論で反論することになるが、証拠に基づかないものである場合や参加した被告事件の範囲外の論告が行われた場合には、被害者論告自体に異議申立を行うこともあり得る。心情意見陳述で、事実認定に関する証拠である不同意書証を朗読したり、他の証拠にない事実認定に関する具体的事実が陳述される場合、心情意見陳述は「犯罪事実の認定のための証拠とすることができない」（刑訴法292条の2第9項）ものであり、事実認定に必要な事実の取調べは証

人尋問等の証拠調べによるべきであるから、弁護人は異議を述べるべきである。

X　判決

　判決は、公判廷において、宣告により告知される（刑訴法342条）。
　禁錮以上の刑に処する判決の宣告があったとき、保釈又は勾留の執行停止はその効力を失うことになる（刑訴法343条）。これに対し、無罪、免訴、刑の免除、刑の全部の執行猶予、公訴棄却、罰金又は科料の裁判の告知があつたときは、勾留状は、その効力を失うものとされている（刑訴法345条）。保釈中の被告人に対し、禁錮以上の刑に処する判決の宣告があり、刑の全部の執行猶予の裁判の告知がなかったときは、新たに保釈又は勾留の執行停止の決定がない限り、被告人は刑事施設に収容されることになる（刑訴法343条、98条）。したがって、被告人を身体拘束から解放するためには、直ちに再保釈の請求をしなければならず、保釈保証金の調達を含めて、あらかじめ準備しておく必要がある。
　目標とする判決を実現することができなかったときは、控訴を検討することになる。控訴の提起期間は14日であり（刑訴法373条）、判決が宣告された日から進行するが（同法358条）、初日は不算入であることから（同法55条1項）、判決宣告当日を含め15日以内に提起する必要がある。判決書の謄本は当然には交付されず、交付を請求する必要があり、控訴の提起期間内には交付されないこともある。
　控訴は、控訴裁判所宛ての控訴申立書を原裁判所に差し出さなければならない（刑訴法374条）。控訴の理由は、後に提出する控訴趣意書に記載する。控訴趣意書を差し出すべき最終日は、控訴裁判所が訴訟記録の送付を受けた後に、控訴裁判所から控訴申立人及び弁護人に通知される（刑訴法376条1項、刑訴規236条）。

事項索引

あ

アメリカ合衆国憲法……………………26
争いのない事実……………………101, 102
アリバイ……………………………………104
異議……30, 35, 37, 75, 124, 128, 135, 138,
　　　　　　　　　　　139, 141, 159
意見陳述………………………………………22
違法・不当な取調べ………………………9
違法収集証拠………………………………156
打合せ期日……………………………56, 72, 83
打合せ調書…………………………………72
押収手続記録書面…………………………79

か

回収措置に関する経験則………………166
「科学的」証拠……………………………93
覚醒剤密輸事件における「経験則」…166
科刑意見……………………………………160
感情をかきたてる証拠…………………86, 92
間接事実……………………………………34
鑑定…………24, 51, 55, 68, 78, 89, 156
関連性……………75, 85, 90, 93, 95, 96, 100
記憶喚起のための書面等の提示………144
期日間整理手続………………………128, 137
起訴後…………………………………………32
　──の取調べ………………………………54
起訴状…………………………………………53
　──一本主義………………………………68
起訴前……………………………………………1
起訴猶予……………………………………6, 23
客観的併合……………………………………57
求刑…………………………………………159, 160
求釈明……………………………………75, 128
供述……………………………………6, 98, 105
供述調書………………………………………96
　──の増減変更の申立て…………………6
　──への署名押印……………………6, 8, 25
供述不能……………………………………157
供述要旨記載書面……………………………90

供述録取書…………………………………142
　──等……………………………79, 88, 107, 136
供述を録取した書面………………………76, 136
共犯者…………………………………………48
共謀……………………………………………75
苦情申入れ…………………………………9, 30
区分審理……………………………58, 68, 115
グループ質問方式………………………123
経験則……………………………………166
　──の問題点……………………………167
刑事免責……………………………139, 158
　──された証人に対する反対尋問
　　　　　　　　　　　　　　……139
刑訴法321条1項2号書面………………157
刑訴法321条1項1号・2号書面……156
刑の加重減免の理由となる事実………99
ケース・ストーリー………………………33
ケース・セオリー……29, 32, 61, 81, 83, 87,
　　　　99, 107, 108, 116, 120, 131, 136, 137,
　　　　　　　140, 153, 155, 160, 162
欠落…………………………………………144
健康上、経済上、社会生活上の不利益
　…………………………………………41
検察官意見……………………………………45
検察官請求証拠………………………………55
検察官請求証人に対する尋問………135
検察官独自捜査事件……………………7, 88
検察官による再主尋問…………………138
検察官による主尋問……………………135
検察官による反対尋問…………………140
検察官の主張との関係…………………101
検察官の冒頭陳述………………………127
検証調書………………………………………78
現場調査………………………………………51
権利保釈…………………………………38, 39
　──の除外理由…………………………40
合意書面……………………………………108
抗告……………………………………………46
控訴……………………………………37, 172
控訴の提起期間……………………………172
口頭主義……………………………………164
公判…………………………………………120

——における証拠の採否・・・・・・・・・・・・156
——公判の審理予定・・・・67, 69, 102, 104
公判期日・・・・・・・・・・・・・・・・・・・・・・・・・・・・・59
——においてすることを予定している
　　主張・・・・・・・・・・・・・・・・・・・・・・・・・・・・98
——の仮予約・・・・・・・・・・・・・・・・・・・・・・71
——の指定・・・・・・・・・・・・・・・・・・・・・・・・72
公判準備・・・・・・・・・・・・・・・1, 24, 32, 53, 67
公判中心主義・・・・・・・・・・・・69, 75, 83, 156
公判前整理手続・・・・・・・・・・・・・・34, 43, 67
——期日・・・・・・・・・・・・・・・・・・・・・・72, 83
——で明示されなかった主張・・・・・・128
公判前整理手続に付する請求・・・・・・・・35
——についての意見・・・・・・・・・・・・・・・37
——の理由・・・・・・・・・・・・・・・・・・・・・・・36
——をするか否かの検討・・・・・・・・・・・35
「公平な裁判所」の裁判を受ける権利・・・68
公務所等照会・・・・・・・・・・・・・・・・・・・・・・108
拷問・・・・・・・・・・・・・・・・・・・・・・・・・・・・・・・・31
拷問禁止条約・・・・・・・・・・・・・・・・・・・・・・・31
合理的な疑いを差し挟む余地のない程度
　の証明・・・・・・104, 118, 132, 154, 161, 169
勾留・・・・・・・・・・・・・・・・・・・・・・・・・・・21, 172
——の回避・・・・・・・・・・・・・・・・・・・・・・・14
——の必要性・・・・・・・・・・・・・・・・・・・・・13
——の要件・・・・・・・・・・・・・・・・・・・・・・・13
勾留延長・・・・・・・・・・・・・・・・・・・・・・・16, 18
——請求の回避及び却下を求める意見
　　・・・・・・・・・・・・・・・・・・・・・・・・・・・・・・16
——の要件・・・・・・・・・・・・・・・・・・・・・・・16
勾留執行停止・・・・・・・・・・・・・・・・・・・・・・・21
勾留状謄本・・・・・・・・・・・・・・・・・・・・・14, 17
勾留請求の回避及び却下を求める意見
　・・・・・・・・・・・・・・・・・・・・・・・・・・・・・・・・・14
勾留取消し・・・・・・・・・・・・15, 21, 37, 39, 47
勾留理由開示・・・・・・・・・・・・・・・・・・・・・・・22
50条鑑定・・・・・・・・・・・・・・・・・・・・・・・・・109

さ

罪証を隠滅すると疑うに足りる相当な理
　由・・・・・・・・・・・・・・・・・・・・・・・・・・・・13, 39
最善の弁護活動・・・・・・・・・・・・1, 32, 48, 120

再逮捕・・・・・・・・・・・・・・・・・・・・・・・・・・・・・54
在宅被疑者・・・・・・・・・・・・・・・・・・・・・・・・・・8
裁判員候補者に対する質問・・・・・・・・・123
裁判員候補者の選定・・・・・・・・・・・・・・・121
裁判員裁判・・・・・・・・・・・・・・・・・・・・・30, 91
——対象事件・・・・・1, 3, 4, 7, 9, 23, 35, 38,
　　　　　　　　　　　43, 57, 58, 88, 170
——と被害者参加・・・・・・・・・・・・・・・・169
裁判員等選任手続・・・・・・・・・・・・121, 132
——期日・・・・・・・・・・・・・・・・・・・・・72, 122
裁判官及び裁判員による補充尋問
　・・・・・・・・・・・・・・・・・・・・・・・・・・・・138, 141
再保釈・・・・・・・・・・・・・・・・・・・・・・・・・・・・172
裁量保釈・・・・・・・・・・・・・・・・・・・・・・・・・・・40
——の判断に際しての考慮事情・・・・・38
定まった住居を有しない・・・・・・・・・・・・13
殺意・・・・・・・・・・・・・・・・・・・・・・・・・・・・・・113
39条説明・・・・・・・・・・・・・・・・・・・・・・・・・125
視覚資料・・・・・・・・・・・・・・・・133, 159, 162
自己矛盾供述・・・・・・・・・・・・・・・・・137, 142
事実認定に必要な証明の程度・・・・・・・125
事実の認定・・・・・・・・・・・・・・・・・・・113, 125
事前質問票・・・・・・・・・・・・・・・・・・・・・・・122
自然的関連性・・・・・・・・・・・・・・・・・・85, 93
実況見分調書・・・・・・・・・・・・・・・・・・・・・・78
実効性のある罪証隠滅行為に及ぶ現実的
　可能性・・・・・・・・・・・・・・・・・・・・・・・・・・・41
執行停止・・・・・・・・・・・・・・・・・・・・・・・14, 46
実質証拠・・・・・・・・・・・・・・・・・・・・・・・・8, 95
氏名・住居秘匿措置・・・・・・・・・・・・・・・150
終局処分・・・・・・・・・・・・・・・・・・・・・・・・1, 23
主観的併合・・・・・・・・・・・・・・・・・・・・・・・・58
主尋問・・・・・・・・・・・・・・・・・・・・・・・・・・・・35
——の構成・・・・・・・・・・・・・・・・・・・・・・140
主張・・・・・・・・・・・・・・・・・・・・・・・・・・・98, 99
主張関連証拠・・・・・・・・・・・・・・・・・・35, 36
主張関連証拠開示
　・・・・・・・・・・・・・・・・71, 82, 100, 103, 111
——請求権の活用・・・・・・・・・・・・・・・112
——制度の概要・・・・・・・・・・・・・・・・・111
受任・・・・・・・・・・・・・・・・・・・・・・・・・・・・・・・2
主任弁護人・・・・・・・・・・・・・・・・・・・・・・・・54

準抗告	14, 15, 17, 18, 19, 21, 30, 46
証拠意見	43, 84
──の内容	84
──を述べる時期	84
証拠一覧表	36, 56, 76, 82, 165
──交付制度の概要	76
──に記載される証拠と証拠開示請求の対象となる証拠の関係	77
──の交付を請求する方法	77
証拠隠滅行為の可能性、実効性の程度	41
証拠隠滅の現実的可能性の程度	13
証拠開示	35
──請求に対する検察官による回答の確認	81
──制度の拡充	36, 37
──命令の請求	82
証拠裁判主義	83
証拠書類	76, 107, 133
──の取調べ	133
──の取調べ方法	137
証拠調べ請求の制限	36, 107
証拠の厳選	86
証拠の取調べ請求	73, 97, 106
証拠排除決定	137
証拠物	76, 78, 107, 133
──の取調べ	135
証拠弁論	158
証拠保全	25, 51, 53
証人が公判期日で証言しようとする内容	89
証人尋問	135
証人請求に対する意見	89
証人と被告人との間の遮へい	147, 149
証人保護	147
証明予定事実	36, 103, 105, 118
証明予定事実記載書面	73, 97
──が提出された後の弁護人の対応	74
──の記載内容	74
──の提出時期	73
初回接見	4

書面	133, 159, 163, 164
──又は物の提示	141
──や物の提示・利用	141
資料	60
進行に関する問合せ	56
心神喪失	132, 161
身体拘束からの解放	1, 12
尋問メモ	165
人定質問	72, 125
信用性	6
審理予定の策定	56, 72, 102, 116, 117, 118
自由権規約	26
図面等の利用	146
精神鑑定	109
正当防衛	104, 113, 132, 161
成立、同一性その他これに準ずる事項	141
責任能力	24, 50, 72, 109, 113
接見	4, 6
──内容の記録・保全	11
──等禁止	18, 47
──の一部解除	20
──の解除	19, 20
──の機会の確保	1
前科	75, 85, 128
全体質問方式	123
選任命令	2
専門家	50, 90
早期打合せ	70, 83
捜査報告書	80
相対的特信性	158
送達	15
争点及び証拠の整理	67, 69, 72, 105, 116, 117, 129, 167
──に必要な事項	102, 128
争点整理	56
即時抗告	37, 152

た

対質	117
弾劾	100, 129

事項索引　175

調書への添付・・・・・・・・・・・・・・・・・・・144, 147
重複証拠・・・・・・・・・・・・・・・・・・・・・・・・・・・・86
直接事実・・・・・・・・・・・・・・・・・・・・・・・・・・・・34
直接主義・・・・・・・・・・・・・・・・・・・・・・89, 164
追起訴・・・・・・・・・・・・・・・・・・・・・・・・・・・・・・54
通訳言語・・・・・・・・・・・・・・・・・・・・・・・・・・・・60
テーマ・・・・・・・・・・・・・・・・・・・・・・・・・・・・・・33
適切な説明及び助言・・・・・・・・・・・・・・・・・・1
伝聞供述・・・・・・・・・・・・・・・・・・・・・・・・・・・135
同意・・・・・・・・・・・・・・・・84, 87, 91, 108, 155
統合捜査報告書・・・・・・・・・・・・・・・・・・・・・91
当事者主義・・・・・・・・・・・・・70, 88, 93, 109
当日質問票・・・・・・・・・・・・・・・・・・・・・・・・122
謄写・・・・・・・・・・・・・・・・・・・・・・・・・・・・・・・・74
逃亡し又は罪証を隠滅するおそれ・・・・・41
逃亡し又は逃亡すると疑うに足りる相当
  な理由・・・・・・・・・・・・・・・・・・・・・・・・・・・・13
特別抗告・・・・・・・・・・・・・・・・・・16, 18, 20, 46
    ――の申立期間・・・・・・・・・・・・・・16, 46
    ――の理由・・・・・・・・・・・・・・・・・・16, 46
取調べ受認義務・・・・・・・・・・・・・・・・・・・・・27
取調べ状況記録書面・・・・・・・・・・・・・・・・79
取調べの請求に関して異議がないか否か
  の意見・・・・・・・・・・・・・・・・・・・・・・・・・・・84
取調べの録音・録画・・・・・・・4, 6, 7, 30, 54
    ――義務の例外事由・・・・・・・・・・・8, 88
    ――記録媒体・・・・・・・・・8, 79, 88, 94, 95
取調べへの対応方針・・・・・・・・・・・・4, 5, 8
取調べ方法・・・・・・・・・・・・・・・・・・・・・・・134

な

難解な法律概念・・・・・・・・・・・・・・・・・・・113
任意証拠開示・・・・・・・・・・・・・55, 71, 80, 81
任意性・・・・・・・・・・・・・・・・・・・・6, 7, 8, 96, 156
述べることのできない事項・・・・・・・・・130

は

判決・・・・・・・・・・・・・・・・・・・・・・・・・・・・・・172
判決書・・・・・・・・・・・・・・・・・・・・・・・・・・・172
反対尋問・・・・・・・・・35, 50, 100, 116, 151, 153
被害者・・・・・・・・・・・・・・・・・・・・・・・・・・・・50
被害者参加・・・・・・・・・・・・・・・・・・・・・・・169

被害者参加人が行う訴訟行為等・・・・・・170
被疑者ノート・・・・・・・・・・・・・・・・・・・・・・・7
被告事件についての陳述・・・・・・・・・・・126
被告人
    ――以外の者の供述調書・・・・・・・・・87
    ――の解錠・・・・・・・・・・・・・・・・・・・・・59
    ――の供述調書・・・・・・・・88, 155, 156
    ――の最終陳述・・・・・・・・・・・・・・・169
    ――の出頭・・・・・・・・・・・・・・・・・・・・・72
    ――の着席位置・・・・・・・・・・・・・・・・59
    ――の陳述・・・・・・・・・・・・・・・・・・・126
    ――の服装・・・・・・・・・・・・・・・・・・・・・59
被告人質問・・・・・・・・・・・・・・・・・・・28, 153
    ――の先行・・・・・・・・・・・・・・・・89, 155
    ――を行うか否かの判断・・・・・・・153
必要性・・・・・・・・・・・・・・・・・・・・・95, 96, 157
ビデオリンク・・・・・・・・・・・・・・・・・・・・・149
評議・・・・・・・・・・・・・・・・・・・・・・・・・・・・・160
不意打ち的な証言・・・・・・・・・・・・・・・・・136
不開示理由・・・・・・・・・・・・・・・・・・・・・・・・82
複数選任・・・・・・・・・・・・・・・・・・・・・・・・・・・3
不公平な裁判をするおそれを理由とする
  不選任請求・・・・・・・・・・・・・・・・・・・・・123
不同意・・・・・・・・・・・・・・・・・・・・88, 92, 155
不服申立て・・・・・・・・・・・・・・・・・・・・・・・・37
併合の利益・・・・・・・・・・・・・・・・・・・・・・・・57
弁護士職務基本規程・・・・・・1, 12, 29, 48, 120
弁護士法23条照会・・・・・・・・・・・・・・49, 52
弁護人請求証人に対する尋問・・・・・・・140
弁護人選任届・・・・・・・・・・・・・・・・・・・・・・・2
弁護人となろうとする者・・・・・・・・・・5, 48
弁護人による再主尋問・・・・・・・・・・・・・141
弁護人による主尋問・・・・・・・・・・・・・・・140
弁護人による反対尋問・・・・・・・・・・・・・137
弁護人の調査活動・・・・・・・・・・・・・・・・・・48
弁護人の陳述・・・・・・・・・・・・・・・・・・・・126
弁護人の人数・・・・・・・・・・・・・・・・・・・・・・・2
弁護人の冒頭陳述・・・・・・・・・・・・・・・・・129
    ――の目的・・・・・・・・・・・・・・・・・・・130
弁護人を依頼する権利・・・・・・・・・・・・・・・1
弁論・・・・・・・・・・・・・・・・・・35, 117, 159, 165
    ――の内容・・・・・・・・・・・・・・・・・・・160

——の分離……………………59
　　——の分離・併合………………57
　　——の方法……………………162
　　——の目的……………………160
防御の準備上の不利益……………42
法廷 IT システム…………………146
法廷通訳人…………………………60
冒頭陳述……………35, 98, 117, 127, 164
　　——の義務……………………127, 129
　　——の内容……………………131
　　——の方法……………………133
冒頭手続……………………………125
法律上の主張………………………105
法律上犯罪の成立を妨げる理由……99
法律的関連性………………………85
法令の解釈…………………………113
　　——、適用や合憲性についての主張
　　…………………………………104
法令の適用…………………………113
保釈……………………30, 37, 44, 172
　　——の指定条件………………45
　　——の取消し…………………45
保釈許可決定………………………45
保釈請求却下決定…………………46
保釈請求書…………………………44
保釈判断における考慮事情………39
保釈保証金……………………44, 45
保釈保証書……………………44, 45
補助事実……………………………34
補助証拠……………………………95

ま

身柄引受人…………………………44
未送致証拠……………………77, 81
ミランダ判決………………………26
黙秘……………………………9, 24, 25

黙秘権
　　……1, 5, 6, 9, 26, 27, 29, 38, 72, 128, 153
　　——行使の方法………………153
目標とする判決………28, 32, 101, 118, 120,
　　　　　　　　　　130, 131, 160, 161, 172
問題意識……………………………83

や

やむを得ない事由………16, 17, 107, 128
誘導尋問……………………135, 137, 138, 140
余罪…………………………………54
予断排除の原則………………68, 75, 110
予定主張………………………36, 43, 118
　　——についての求釈明………105
　　——の追加・変更……………98
　　——の明示……………………97
　　——の明示の要否……………82
　　——を明示すべき時期………97
　　——を明示すべき主体………97

ら

立証責任……………………102, 118, 125
理由を示さない不選任請求………124
量刑…………………………………60
　　——傾向…………………60, 65
　　——検索システム………60, 65
　　——事件……………………162
　　——事情………………………66
　　——評議………………………62
類型証拠………………35, 36, 55, 79
類型証拠開示……………71, 76, 82, 97
　　——完了前の証拠意見表明の要否…82
　　——請求権の行使の必要性………80
　　——制度の概要と開示要件………78
朗読…………………………………134
論告……………………………117, 159, 165

事項索引　177

執筆者一覧

河津　博史（かわつ　ひろし）
1972年生まれ。1995年早稲田大学法学部卒業。1999年弁護士登録。現職：日本弁護士連合会刑事調査室室長。青山学院大学法務研究科特任教授。主な著書：日本弁護士連合会裁判員制度実施本部編『公判前整理手続を活かす』（現代人文社、2005年）、日本弁護士連合会編『法廷弁護技術　第2版』（日本評論社、2009年）、日本弁護士連合会編『裁判員裁判における弁護活動――その思想と戦略』（日本評論社、2009年）、後藤昭他編『実務体系　現代の刑事弁護2　刑事弁護の現代的課題』（第一法規、2013年）、三井誠編『刑事手続の新展開　上巻』（成文堂、2017年）、『刑事法廷弁護技術』（日本評論社、2018年）。

菅野　亮（すげの　あきら）
1973年生まれ。1997年早稲田大学法学部卒業。2000年弁護士登録。現職：日本弁護士連合会刑事弁護センター副委員長、日本弁護士連合会刑事調査室嘱託。2014年～2017年司法研修所刑事弁護教官。主な著書：日弁連刑事弁護センター編『責任能力弁護の手引き』（現代人文社、2015年）、日弁連刑事弁護センター編『裁判員裁判の量刑』（現代人文社、2012年）、日弁連刑事弁護センター編『裁判員裁判の量刑Ⅱ』（現代人文社、2017年）等。

田岡　直博（たおか　なおひろ）
1977年生まれ。2001年京都大学法学部卒業。2002年弁護士登録。現職：日本弁護士連合会刑事弁護センター副委員長、日本弁護士連合会刑事調査室嘱託。主な著書：日弁連刑事弁護センター編『責任能力弁護の手引き』（現代人文社、2015年、共著）、「裁判員裁判における責任能力判断の変化――判決一覧表の分析(1)～(4)」季刊刑事弁護93号、96号（2018年）、97号、98号（2019年）、「正当防衛の成否が問題となった裁判例の分析――裁判員裁判における争点整理の実情を探る」同96号（2018年）等。

和田　恵（わだ　めぐみ）
1982年生まれ。2005年一橋大学法学部卒業。2007年弁護士登録。2015年UC Hastings卒業（LL.M.）。2016年ニューヨーク州弁護士登録。現職：日本弁護士連合会刑事調査室嘱託。主な著書：『刑事弁護ビギナーズver.2』（現代人文社、2014年、共著）、「弁護人の弁護を受ける権利の実質的な保障のために」（木谷明他編『憲法的刑事弁護——弁護士髙野隆の実践』（日本評論社、2017年）、アビー・スミス＆モンロー・H・フリードマン編著、村岡啓一監訳『なんで『あんな奴ら』の弁護ができるんだ？』（現代人文社、2017年）、「刑事弁護の仕事」打越さく良・佐藤倫子編・岩波ジュニア新書『司法の現場で働きたい！』（岩波書店、2018年）。

髙山　巌（たかやま　いわお）
1971年生まれ。1995年東京大学法学部卒業。2006年京都大学法科大学院修了。2007年弁護士登録。現職：日本弁護士連合会刑事弁護センター事務局次長、日本弁護士連合会刑事調査室嘱託。関西学院大学大学院司法研究科教授。主な著書：『刑事弁護ビギナーズver.2』（現代人文社、2014年）、大阪弁護士会刑事弁護委員会公判弁護実務部会『実践！刑事弁護異議マニュアル』（現代人文社、2011年）、大阪弁護側立証研究会編『実践！弁護側立証』（成文堂、2017年）。

虫本　良和（むしもと　よしかず）
1979年生まれ。2000年早稲田大学法学部中退。2008年弁護士登録。現職：日本弁護士連合会刑事弁護センター幹事、日本弁護士連合会刑事調査室嘱託。主な著書：『刑事弁護ビギナーズver.2』（現代人文社、2014年）、『刑事弁護人のための科学的証拠入門』（現代人文社、2018年）、「公判前整理手続を通じたケース・セオリーの構築」季刊刑事弁護78号（2014年）、「量刑事件における被告人質問」同95号（2018年）等。

趙　誠峰（ちょう　せいほう）

1980年生まれ。2004年早稲田大学法学部卒業。2007年早稲田大学法科大学院修了。2008年弁護士登録。現職：日本弁護士連合会刑事調査室嘱託。早稲田大学非常勤講師。主な著書：『刑事弁護ビギナーズver.2』（現代人文社、2014年）、『憲法的刑事弁護――弁護士高野隆の実践』（日本評論社、2017年、共編）、日弁連刑事弁護センター編『責任能力弁護の手引き』（現代人文社、2014年）等。

宮村　啓太（みやむら　けいた）

1977年生まれ。2001年中央大学法学部卒業。2002年弁護士登録。現職：日本弁護士連合会刑事調査室幹事。主な著書：『事例に学ぶ刑事弁護入門』（民事法研究会、2012年）。

起訴前・公判前整理・裁判員裁判の弁護実務
2019年5月30日　第1版第1刷発行

編著者——日本弁護士連合会刑事調査室
発行所——株式会社　日本評論社
　　　　〒170-8474　東京都豊島区南大塚3-12-4
　　　　　　　　　　電話　03-3987-8621（販売：FAX -8590）
　　　　　　　　　　　　　03-3987-8592（編集）
　　　　　　　　　　https://www.nippyo.co.jp/　振替 00100-3-16
印刷所——平文社
製本所——難波製本
装　丁——図工ファイブ

検印省略　Ⓒ2019　日本弁護士連合会刑事調査室
ISBN 978-4-535-52427-9　　　　　　　　　　　　　　Printed in Japan

JCOPY　〈(社)出版者著作権管理機構　委託出版物〉
本書の無断複写は、著作権法上での例外を除き、禁じられています。複写される場合は、そのつど事前に、(社)出版者著作権管理機構（電話 03-5244-5088、FAX 03-5244-5089、e-mail：info@jcopy.or.jp）の許諾を得てください。
また、本書を代行業者等の第三者に依頼してスキャニング等の行為によりデジタル化することは、個人の家庭内の利用であっても、一切認められておりません。